MW01505512

Pour une esthétique du rap

Du même auteur

Charles Mingus, Éditions du Limon, coll. « Mood Indigo », 1989, réédi-
tion Parenthèse, 1995
Sidney Bechet, Parenthèse, 1997
Le rap une esthétique hors la loi, Autrement, 1999 ; réédition augmentée
2003
Adorno et le jazz. Analyse d'un déni esthétique, Klincksieck, 2003

Christian Béthune

Pour une esthétique du rap

50 QUESTIONS

PARIS
KLINCKSIECK

50 QUESTIONS

Collection dirigée par Belinda Cannone

Illustration de couverture :
graff sur un mur d'une friche industrielle
(cliché JML).

Tous droits de traduction, d'adaptation et de reproduction,
par tous procédés, réservés pour tous pays.

© Klincksieck, 2004
isbn 2-252-03473-4

50 QUESTIONS

IV. — Musique

V. — Scansion

VI. — Écriture

VII. — Argent, politique et religion

Remerciements

Je tiens à remercier chaleureusement Christophe Rubin, qui a bien voulu relire le manuscrit de cet ouvrage et l'enrichir de ses remarques éclairées dont je me suis efforcé de tenir compte.

Pour Lucienne

AVANT-PROPOPS

Ni histoire, ni sociologie du hip-hop, ce travail prétend situer le rap à l'intérieur d'un débat plus général concernant l'expérience esthétique. En effet, par les méthodes qu'ils mettent en œuvre, par les objets qu'ils produisent, par leur façon d'appréhender les diverses modalités de l'expression humaine (musique, poésie, image, art du mouvement, etc.), les rappeurs ouvrent des perspectives inédites sur le phénomène de la création poétique – au sens le plus large du terme – et semblent y apporter des solutions originales.

Le projet n'est pas, en l'occurrence, de proposer un plaidoyer pour le hip-hop, ni de militer pour une légitimation du rap – qui n'en ont finalement que faire –, mais d'engager une réflexion sur un terrain où le philosophe n'a guère coutume de s'aventurer. Pour des raisons internes à l'histoire de la philosophie, il s'est établi une forme de relation de circularité entre l'art et l'esthétique. Pour ne pas avoir à rompre cette circularité, la philosophie s'est, pour une large part, soigneusement abstenue de penser les manifestations émergentes de l'expression humaine qui ne cadraient pas avec les formes canoniques de l'art, abandonnant de ce fait à d'autres le terrain de la réflexion, au risque d'y voir prospérer le règne contestable des opinions. Il est temps, semble-t-il, pour la philosophie de renoncer au « ton de grand seigneur » (Kant) qui, au XXᵉ siècle, lui magistralement permis de passer, par exemple, à côté du jazz, et de prendre en charge des phénomènes humains qui échappent à l'orthodoxie de son discours. Il y a peu encore, la philosophie pouvait se permettre d'arriver systématiquement trop tard, et s'en glorifier ; elle doit désormais renoncer à ce luxe aristocratique.

Mais, pour mener à bien cette entreprise de réactualisation esthétique, il incombe à la réflexion de se plonger dans son objet. C'est pourquoi, en s'efforçant de donner le plus possible la parole aux œuvres des rappeurs – et notamment des rappeurs français –, ce travail s'efforcera d'interroger le rap dans les processus mêmes de son élaboration.

INTRODUCTION

1 *Pourquoi parler du rap ?*

Alors que, selon la formule de Luis de Miranda, notre condition postmoderne tend à faire de chacun de nous « des artistes sans œuvres » (2003), et nous mure dans l'autisme d'une posture de créateurs incapables de produire quoi que ce soit, des lascars aux mœurs un peu rudes et au vocabulaire plutôt cru ont, semble-t-il, pris en main leur destin esthétique et décidé que, pour eux, le moment était venu de faire œuvre. Usant avec habileté des puissantes ressources mises à leur disposition par la technologie contemporaine pour réaliser leurs opus, mais surtout affichant une détermination irrépressible à confectionner des objets dont ils revendiquent bruyamment la nature poétique, ils ont su, bien qu'en situation de décalage par rapports aux médias officiels, faire entendre leur voix avec force. Ainsi, grâce aux efforts acharnés de ses acteurs, le hip-hop a finalement réussi à s'imposer en tant que culture (voir question 41). Or, ce qui fait précisément problème avec le rap, ce n'est pas tant la nature provocatrice du contenu acoustique ou verbal de ses réalisations, mais plutôt l'insistance performative – déjà relevée par Richard Shusterman (1992) – avec laquelle les rappeurs s'efforcent de pénétrer à l'intérieur du bastion âprement défendu de l'art.

Praticiens avant tout, les rappeurs se sont approprié des outils technologiques et se sont forgé des savoir-faire propres, qu'ils ont d'emblée su mettre au service de leur créativité, sans se poser de question préalable sur la validité de leurs pratiques ni s'interroger sur le statut théorique de la modernité dans l'art. Or, du fait même des moyens mis en œuvre, les rappeurs – probablement à leur insu – ont contribué à réactiver un débat larvé au plus profond de la pensée occidentale, concernant la rivalité entre l'oral et l'écrit. Parce qu'aujourd'hui, les moyens techniques de production, de reproduction et de diffusion offrent aux œuvres de l'esprit une mémoire qui ne pouvait auparavant être confiée qu'à la seule écriture, les rapports traditionnels entre l'oral et l'écrit – la hiérarchie de leur dignité ontologique respective – se trouvent sensiblement bouleversés. En conséquence, la distinction opposant le « savant » et le « populaire », qui semblait pour beaucoup aller de soi, perd soudain son illusoire pertinence.

Usant de ses outils propres, le rap ouvre d'intéressantes perspectives de réconciliation sur la question (voir question 48).

2. *La reproductibilité coupable ?*

Dès l'invention des premiers moyens mécaniques de reproduction sonore, au tournant du siècle dernier, une alarme avait résonné avec l'irruption remarquée du jazz sur la scène culturelle. Séduisant certains au-delà de toute attente, qualifié au contraire de musique de brutes ou de sauvages par d'autres, le jazz ouvrait un champ nouveau de possibilités ; il fut d'emblée l'objet d'enthousiasmes fervents et de rejets exaltés : « Le jazz est cyniquement l'orchestre de brutes au pouce non opposable et aux pieds encore préhensifs dans la forêt de Vaudou », s'insurgeait dès 1925 un critique anonyme dans *La Revue musicale*. Un temps perçu avec effroi par les fondamentalistes de la culture lettrée, le jazz allait finalement rentrer progressivement dans le rang (voir question 5). Sans doute encore trop proche de l'imprimerie dans son mode de fixation mnésique, la mécanique de la reproduction sonore ne permit pas au jazz de rompre le consensus esthétique. En effet, si importante soit-elle pour le jazz, la reproductibilité des œuvres demeure encore largement extérieure au processus de création, elle n'intervient qu'à la fin de celui-ci – invoquant les risques de plagiat, les premiers musiciens noirs commencèrent du reste par refuser que l'on enregistre leur musique, laissant le privilège de graver le premier disque de jazz à l'Original Dixieland Jass Band, une formation de musiciens blancs qui jouaient déjà une musique de seconde main. Dans une large mesure donc, même si la reproductibilité infléchit l'histoire du jazz, « on pourrait croire le disque extérieur à l'ontologie du jazz », comme le souligne Emmanuel Parent (2003), qui prend soin de formuler sa proposition au conditionnel. En outre, avec leur mauvaise qualité sonore et leurs limites matérielles – quelque trois minutes –, les premiers enregistrements mécaniques faisaient peser de lourdes contraintes techniques et stylistiques sur les musiciens. La faiblesse des écarts dynamiques que pouvaient capter les premiers microphones obligeait les musiciens à de nombreux artifices : il fallait envelopper la grosse caisse dans des oreillers, les trompettistes se voyaient souvent contraints de tourner le dos non seulement au micro, sous peine d'en faire éclater la fragile membrane, mais également au reste de l'orchestre, il était enfin impératif de revoir les arrangements de façon à faire tenir les morceaux dans le format fatidique de durée auquel les limitait une technologie encore rudimentaire ; le jazz devint ainsi une affaire de forme brève, alors qu'à l'origine les musiciens aimaient improviser longuement. Dès les premières gravures dans la cire, l'expression jazziste allait donc échapper à ses créateurs ; commençait alors pour le jazz le processus inéluctable de son altération. Après l'épisode tumultueux du free-jazz – son baroud d'honneur, si l'on peut dire –, le jazz dut se résoudre à monnayer la force subversive de son propos contre un strapontin dans l'univers légitimé de la culture en place. La meilleur façon de faire taire son impérieuse mise en question n'était finalement pas de chasser le jazz hors de la cité des arts et des lettres, mais de l'arraisonner aux catégories de l'esthétique. Il suffirait par exemple d'admettre qu'« il y eut toujours chez les plus grands musiciens de jazz l'ambition maintenue d'un passage tendanciel à l'écriture » (Nicolas, 1991), pour que le conflit s'enkystât ; en devenant « savant », le jazz devenait fréquentable à moindres frais.

L'avènement de l'ère électronique allait radicalement changer la donne. Avec le rap, désormais, la reproductibilité se trouve inscrite au centre même du geste créateur, elle initie les pratiques, détermine les compétences et fixe les enjeux poétiques. Tandis que le jazz avait dû s'engager sur la voie du consensus en feignant

– sans enthousiasme – de passer sous les fourche caudines du paradigme esthétique occidental, le rap peut désormais se permettre d'ignorer tout compromis. Forts de leur arsenal numérique, les rappeurs se dispensent des laissez-passer théoriques habituellement requis pour pénétrer le site de l'art. Le rap sauvageon ne craint pas d'envahir les plates-bandes de l'esthétique en place et prolifère en ignorant les injonctions du jardinier. Il paraît, de ce fait, irrécupérable. Certains rappeurs semblent parfaitement conscients que leur intrusion dans le site de l'art implique un double aspect de filiation et de rupture du hip-hop avec le jazz. C'est ce qu'expriment, par exemple, les Stetsasonic dans leur morceau intitulé *Talkin all that jazz* – album *In Full Gear* [1] –, scandé sur fond de basse acoustique profonde et de trompette jazz échantillonnée :

> *Well, here's how it started*
> *Heard you on the radio*
> *Sayin' all that crap*
> *About how we sample*
> *Give an exemple*
> *Think we'll let you get away with that ?*
> *You criticize our method*
> *Of how make records*
> *You said it wasn't art*
> *So we gonna rip you apart*
> *Stop, check it out man*
> *This is the music of a hip hop band*
> *Jazz – welle you can call it that*
> *But this jazz contains a new format.*

> Bon, voilà comment c'est parti
> On t'a entendu à la radio
> Déblatérer tes conneries
> Sur nos samples
> Tiens un exemple
> Tu crois qu'tu vas t'en tirer comme ça ?
> Tu critiques notre méthode
> De faire des skeuds
> Tu dis qu'c'est pas d'l'art
> Nous on va t'prendre à part
> Arrête de nous juger mec

> C'est la musique d'un groupe hip-hop
> Du jazz – Ouais tu peux dire ça
> Mais c'est du jazz d'un nouveau format.

C'est précisément de ce « nouveau format » qu'il sera question dans cette étude.

 ### Comment parler du rap ?

Puisque le rap proclame illocutoirement sa nature artistique, et qu'à simplement vouloir être eux-mêmes, les rappeurs postulent au statut d'artistes, c'est donc à titre d'expérience esthétique qu'il convient de considérer cette forme d'expression. Mais prétendre pénétrer dans le site de l'art, fût-ce par effraction, comme le prétendent les rappeurs, c'est courir le risque d'exposer le hip-hop à un discours académique, avec ses mises en perspectives conceptuelles, ses analyses savantes – ou prétendues telles – et ses références érudites, puisque la philosophie ne connaît désormais pas d'autre forme d'exposition de son contenu (voir question 48). C'est, *grosso modo*, le discours que, dans la mesure de mes moyens, je m'efforcerai de tenir au fil de ce travail, non sans entretenir une part de secrète ironie à son endroit.

Mais prétendre soutenir ce genre de propos concernant une expression qui se veut rebelle et sans compromis, n'est-ce pas une forme insidieuse de dévoiement et de récupération, ou, plus dérisoire, n'est-ce pas la marque d'une inadéquation rédhibitoire du propos à son objet ? Les écueils sont réels, et les risques ne sont pas exclus.

Ou bien le rap, par-delà le cercle – somme toute assez restreint – de la culture hip-hop, fait-il écho à d'autres formes d'expression poétique, à d'autres manifestations de l'esprit humain dont la normalisation imposée par la généralisation de l'écriture alphabétique avait fini par nous faire oublier la prégnance ? Non seulement le rap nous renvoie à ce qui était resté longtemps un non-dit de la culture afro-américaine, mais, du fait de son implication particulière dans l'oralité, les rappeurs retrouvent des attitudes communes à la plupart des autres cultures orales, et notamment à cette forme de référence que, paradoxalement pour notre culture savante, constitue l'épopée homérique à laquelle, malgré les mises en gardes platoniciennes, notre raison fondée sur l'écriture alphabétique n'a jamais pu se résoudre à renoncer.

Le fait que, en dépit de leur incontestable attirance pour une forme orale d'expression, les rappeurs n'aient pas pour autant renoncé au support de l'écriture, qu'ils persistent à revendiquer comme élément significatif de leur poétique, constitue une difficulté supplémentaire à saisir la portée du rap. Cette persistance de l'écrit chez les rappeurs nous invite à repenser la notion même d'oralité.

I

PROBLÉMATIQUE ESTHÉTIQUE

 Peut-on dépasser une approche strictement sociologique du rap ?

Situé de manière quelque peu abrupte au carrefour des « cultures adolescentes » et des « cultures urbaines » – dont l'existence respective reste au demeurant problématique – le hip-hop a d'emblée sollicité l'intérêt des sociologues. Selon ces derniers, le rap constitue à la fois « une réponse des banlieues » (Calio, 1998) qui se veut une chronique réaliste et tumultueuse du malaise social vécu par une génération de laissés-pour-compte, et un moyen spécifique pour ses acteurs de conserver un pied sur le terrain de la culture dont ils se sont trouvés exclus par l'école : « Le rap est un moyen, pour les jeunes en échec scolaire, de garder un lien avec la culture et l'écriture » (Boucher, 1998, p. 330). Ce que confirment, à leur manière, les rappeurs du 113 :

> Vu nos capacités on aurait pu quitter la cité pour l'université
> Mais bon on a pas profité. J'serai pt'être jamais friqué
> Mais bon j'ai pas tout perdu
> J'ai ma culture du ghetto et ma littérature de rue.
> (*Les regrets restent*, album *Les Princes de la ville*, Alariana-Double H, 2000)

De telles interprétations sont loin d'être en soi erronées, mais elles ne rendent que très partiellement compte de la créativité qui anime les acteurs de la culture hip-hop ; elles ont en outre l'inconvénient majeur de n'accorder droit de cité au rap qu'au bénéfice des stigmates sociaux de ses créateurs, et finissent, de ce fait, par fonctionner comme une forme de déni. Dans ce schéma, en effet, le rap est trop sommairement pris en considération pour son éventuel intérêt esthétique, son apport créatif au monde contemporain, ou pour sa valeur expressive propre, mais plutôt considéré comme simple révélateur d'un paysage social chaotique. Dans cette perspective, il n'est guère aujourd'hui de théorie sur l'exclusion sociale ou de propos sur les violences urbaines, d'analyse concernant les politiques de la ville ou de mise en garde contre la situation explosive des quartiers sensibles, etc., qui, d'une manière ou d'une autre, ne convoque le rap, plus du reste à titre de caution que comme véritable exemple. Cet usage *ad hoc* du rap par des auteurs qui manifestement n'écoutent guère ce genre de musique ne lui rend pas vraiment justice. De leur côté, les rappeurs demeurent extrêmement circonspects devant cette forme d'intérêt où, la plupart du temps, la condescendance n'est jamais bien éloignée.

Indiscutablement, le rap constitue bien un « fait de société », et les implications sociales du hip-hop sont loin d'être négligeables. Toutefois, le réduire à ce seul aspect, et prétendre expliquer à partir de données exclusivement sociologiques la façon dont les pratiquants – en France ou ailleurs – s'investissent dans la culture hip-hop, c'est rester dans une relation d'extériorité par rapport au phénomène de la création proprement dite. Il ne s'agit pas pour autant de soutenir que les déterminismes sociaux ne jouent aucun rôle ; en effet, toutes les activités de l'homme, animal politique, sont en relation étroite avec les réalités sociales auxquelles les individus se trouvent confrontés au cours de leur existence. Mais, de même que la prospérité de l'Europe renaissante ne suffit pas, à elle seule, à expliquer le génie artistique des peintres italiens du XVIe siècle, la marginalisation sociale qui frappe une frange précarisée de la jeunesse, si elle l'éclaire, ne permet pas à elle seule de rendre compte du bouillonnement de la culture hip-hop. Comme tout phénomène esthétique, le rap prospère sur un terrain symbolique qui ne peut se réduire à l'expression des seuls rapports sociaux. En proposer une analyse esthétique « revient à considérer que le rap représente une expression artistique qui représente bien autre chose que la manifestation de la crise des banlieues à laquelle il est souvent réduit, une expression artistique qui sort du champ de la stricte sociologie » (Jacono, 1999). Ce que l'on peut globalement reprocher à une approche strictement sociologique du rap, c'est en fait de déplacer le spectaculaire de la culture hip-hop de son contenu esthétique à un vécu social. Pour le sociologue, en effet, l'expression a, en elle-même, moins d'intérêt que les conditions sociales susceptibles d'expliquer son émergence. La démarche esthétique inverse cette relation.

Ce travail partira donc du principe que la culture hip-hop en général, et le rap en particulier, procèdent d'une authentique expérience esthétique, et qu'à ce titre cette forme d'expression mérite le regard de la philosophie. Il s'agit en l'occurrence moins d'œuvrer dans le sens d'une légitimation de la culture hip-hop, que de dégager certains présupposés implicitement à l'œuvre dans les théories occidentales de l'art. Une analyse qui n'est pas sans conséquence, puisqu'elle risque de mettre en évidence un fond de *doxa* au sein même de l'ontologie de l'art et donc de la pratique philosophique qui, depuis ses origines, prétend précisément rompre avec l'opinion.

Quels problèmes le rap pose-t-il à l'esthétique ?

Pour des raisons trop complexes à analyser dans l'espace de cette étude, il s'est instauré entre les théories de l'art et ce qu'Anne Cauquelin appelle « le site de l'art » (Cauquelin, 1996) une relation de circularité. Délibérément ou de manière inconsciente, les artistes ont pour la plupart étalonné leurs pratiques en fonction du cadre théorique que leur avait aménagé la philosophie : « L'attention esthétique est autotéléologique, au sens où elle fonctionne en boucle sous l'impulsion de l'indice de satisfaction qu'elle génère » (Jean-Marie Schaeffer, 2000, p. 22). Cette circularité semble patente dans le consensus établi en Occident qui – à l'issue d'une âpre lutte [1] – limite le champ des beaux-arts à six grandes formes canoniques d'expression. Ainsi, qu'elles revendiquent l'héritage de la tradition ou qu'elles se veuillent résolument novatrices, les œuvres de l'art ont finalement fonctionné, parfois à leur insu, comme une mise en perspective des problématiques ouvertes par la réflexion philosophique, à laquelle elles ont voulu, en retour, offrir un questionnement.

Largement étranger à ce débat en champ clos, le rap vient rompre la relation tautologique qui unit l'art à la philosophie ; et, à l'instar de son grand cousin le jazz, le rap pose, dans sa pratique iconoclaste, des questions fondamentales à l'esthétique. En effet, lorsque le jazz, au début du siècle dernier, fit son apparition dans le champ de l'expressivité humaine, la philosophie réussit à botter magistralement en touche par le truchement d'un de ses champions les moins soupçonnables de compromission avec l'esprit réactionnaire. Matérialiste, progressiste, foncièrement antiraciste, Adorno – puisque c'est de lui qu'il s'agit – pouvait dénier au jazz toute nature esthétique et incriminer l'industrie culturelle de coup monté contre l'art, sans donner l'impression que, sous sa plume, la philosophie ramait à contre-courant (Béthune, 2003). Cette stratégie de déni a manifestement réussi : le XXe siècle n'a produit aucune esthétique du jazz ; s'acharner à en bâtir une serait aujourd'hui un combat d'arrière-garde. Mais, en différant le problème, la philosophie n'a fait qu'en radicaliser les données. Le terrain d'entente que la théorie de l'art aurait éventuellement pu envisager avec le jazz n'est désormais plus concevable avec son turbulent descendant le rap. Cette difficulté nouvelle ne signifie pas que la philosophie doive pour autant renoncer à interroger le sens esthétique du rap – son contenu de vérité, aurait dit Adorno. Davantage encore qu'une revendication sociale ou qu'une protestation politique, on peut entendre, dans les vociférations de la plupart des rappeurs, l'écho d'une volonté insistante de revendiquer une expérience esthétique à part entière : « Prétendant au titre d'arrogant poète / Rien ne m'arrête, je vocifère chacune de mes pensées » (NTM, *C'est clair*). Plus que la violence ou la crudité affichées des paroles proférées ou que l'agressivité sonore d'une musique qui fait la part belle aux décibels et aux machines, c'est précisément cette outrecuidante requête qui, dans une large mesure, vaut au rap la vindicte qui, hors de son aire culturelle propre, sanctionne généralement ses productions.

Or si, comme l'affirme Gilles Deleuze, la philosophie existe pour « nuire à la bêtise » (Deleuze, 1962, p. 120), renoncer à questionner le rap philosophiquement – c'est-à-dire avec bien-veillance, mais sans complaisance –, c'est vouer cette expression originale à l'invasion de la stupidité qui semble y trouver un terrain de choix. Invasion dont les rappeurs sont en l'occurrence les premiers à se plaindre : « Au danger j'suis exposé, au mauvais rap, / j'suis allergique ça m'donne la nausée » (Fabe, *Classique*). Mais prétendre à ce point échafauder une esthétique du rap risquerait de nous faire retomber dans la tautologie initialement mise au jour ; il s'agira donc, plus simplement, de rendre sensible en quoi le rap – quelles qu'en soient les éventuelles limites – constitue une expérience esthétique à part entière, quitte à écorner au passage certains présupposés sur l'art et l'expressivité humaine, considérés par beaucoup comme allant de soi.

6 Est-il légitime de ranger le rap dans la catégorie des « cultures urbaines » ?

Broder sur le thème des cultures urbaines lorsqu'on évoque le rap est devenu un passage obligé, presque un tic de langage, et vouloir contester cette catégorisation peut passer pour un geste de provocation gratuite. En effet, la verve des rappeurs et le rythme de leurs rimes sont imprégnés de thématiques urbaines : « La rapidité du rap, de la danse ou de l'expression graphique, reproduit le mouvement urbain, saccadé, s'arrêtant et repartant dans un autre sens. Sirènes, manifestations automobiles, chocs auditifs, déchirements de l'air… Le hip-hop s'imprègne des spasmes, des dissonances, des interruptions de la ville », note avec raison Hugues Bazin (Bazin, 1995, p. 43-44).

Il ne faudrait pourtant pas oublier que le rap a émergé – aux États-Unis comme en France – dans des lieux qui, au sens rigoureux du terme, ont cessé d'être des villes, voire ne l'ont jamais été.

L'*inner city* américaine, que l'on rencontre aussi bien dans le Bronx new-yorkais que dans South Central ou Compton, à Los Angeles, est le résultat d'une dégradation, progressive mais iné-luctable, du tissu urbain qui fait que ces quartiers ont perdu à peu près toutes les caractéristiques qui permettent aux urbanistes de qualifier une ville. Blocks entiers désertés de leurs habitants, immeubles aux fenêtres aveugles, souvent ravagés par les incendies[2], absence quasi totale d'infrastructures (services, transports, administrations, etc.), terrains vagues à usage de dépotoir, commerces pratiquement inexistants, voirie laissée à l'abandon, etc., attestent d'une urbanité saccagée.

Dans un autre registre, en France, la plupart des grands ensembles qui sont la base architecturale de cette entité multiple qu'on appelle la cité – l'immanquable « té-ci » des rappeurs – ont précisément été à l'origine conçus pour être coupés du reste de la ville à laquelle ils se trouvent administrativement rattachés, et non pour y être intégrés. Rejetés à la périphérie des agglomérations, ces ensembles, édifiés à la hâte et à moindre coût, sont souvent séparés du reste de la ville par des obstacles matériels pratiquement infranchissables : voies ferrées, voies express, canal ou rivière, décharge, friche industrielle, etc. Afin d'éviter le mélange avec le reste de la population, ces unités d'habitation fonctionnent presque toujours en autarcie, avec leur centre commercial délabré – quand il existe encore – leur école et leur collège retranchés et, avec un peu de chance, leur dispensaire. Or, contrairement à ce qu'on a pu affirmer, ces quartiers dits « sensibles » ne pèchent pas par un défaut de sociabilité, mais par manque d'un espace public qui précisément caractérise la vie urbaine : « Ce qui fait défaut dans ces quartiers enclavés, ce ne sont pas les relations sociales, ce sont les espaces publics ouverts aux flux de la circulation urbaine, au passage, aux autres plutôt qu'au proches » (Kokoreff, 2003, p. 62-63). Considéré de ce point de vue, le rap serait donc plutôt la musique d'une urbanité perdue.

Repliées sur elles-mêmes, l'*inner city* américaine comme la cité hexagonale retrouvent des modes de sociabilité procédant du tribalisme (voir question 43) et qui semblent précisément dater d'*avant* ce qu'on appelle la civilisation urbaine. Les groupes qui s'y forment sont d'abord des groupes de parole ou même de palabre (Kokoreff, 2003, p. 109), et la performance verbale s'y révèle source de prestige et de pouvoir. Ces groupes développent en outre une forme de sociabilité à forte connotation agonistique : sur le plan des liens sociaux, la cité peut souvent se réduire à un ensemble de clans qui se toisent, rivalisent et parfois s'affrontent, mais qui au besoin collaborent et s'unissent en tribu réconciliée lorsqu'il s'agit, par exemple, d'entrer en conflit avec les membres d'une cité voisine, ou de se liguer contre les forces de l'ordre ou les pouvoirs publics. Enfin, les bouffées de violence qui ponctuellement défraient la chronique de ces « quartiers sensibles » ressemblent davantage aux jacqueries paysannes de l'Ancien Régime qu'aux révoltes ouvrières de la tradition urbaine.

Bien que qualifié à la quasi-unanimité de « musique urbaine » ou de « poésie urbaine », le rap, sur le terrain symbolique, manque curieusement d'urbanité. Lorsqu'un groupe particulièrement représentatif du mouvement hip-hop s'intitule Nique ta Mère, il rompt délibérément, par cette appellation, la nécessaire réserve verbale qu'imposent aux individus les normes de la civilité urbaine. « C'est clair ! »

D'un point de vue formel, la crudité des propos tenus par les rappeurs donne à la violence ou au contenu sexuel des situations décrites dans les histoires qu'ils nous content une tournure explicite peu compatible avec l'idée que l'on se fait de l'urbanité. Peu urbaine semble également l'agressive manifestation de l'ego qui s'impose par le truchement des attitudes et des performances caractéristiques de la culture hip-hop (voir question 13). C'est également le cas pour la prise de possession des surfaces par le tag ou le graffiti ; voire pour des figures de breakdance qui recèlent toujours une part de défi lancé aux autres danseurs. On peut sans doute convoquer les circonstances pour expliquer ce mode d'apparaître :

> J'suis crue mais crue est la vie
> J'suis pas la rue, j'suis pas comme elle, cruelle à vie
> Mais crue est la vie
> J'suis crue mais crue est la vie
> J'croque la rue et les ruelles dans mes écrits
> car crue est la vie (*bis*).
> (Diam's, *Crue est la vie*, album *Brut de femme*, Hostile Records, 2003)

Sur le plan musical enfin, la stratégie de prédation et de flibuste qui anime les DJ (disc-jockeys) lorsqu'ils mixent leurs échantillons prélevés çà et là, la virtuose irrévérence avec laquelle il « scratchent » leurs disques vinyle, tout comme le niveau sonore auquel ils diffusent leurs réalisations, ne sont pas non plus des comportements compatibles avec les normes admises de notre urbanité ; ces pratiques font du reste l'objet d'une réprobation unanime de la part des citadins bien élevés.

La réalité quotidienne que doivent affronter les rappeurs, tout comme le terrain symbolique où se déploie la culture hip-hop, ignore le jeu des interactions mouchetées et la réserve des propos qui caractérisent le passage à une vie citadine, adoucie par le vernis de la politesse et des convenances que l'on appelle « civilité » ou « urbanité ». Ce qui, en l'occurrence, nous abuse dans notre jugement et nous induit à parler sans nuance de « musique urbaine », c'est que les rappeurs arpentent l'espace public revêtus des attributs ostensibles de la modernité, et confectionnent leurs productions en sollicitant les technologies les plus avancées, usages que nous avons coutume de rattacher à l'univers policé de la vie citadine.

7

Question subsidiaire : le rap est-il une expression de rue ?

On associe le rap au *ghetto blaster*, cette chaîne stéréo portative extrêmement puissante que l'on promène à bout de bras ou sur l'épaule à travers l'espace public, diffusant à pleine puissance son régime de basses musclées et de rythmes martelés, ou que l'on pose à un carrefour, devant une porte cochère, dans un jardin public ou sur une place pour permettre l'évolution des danseurs. Il y a dans cette image une bonne part de cliché : « C'est en réalité un cliché de médiocre reportage journalistique que de prétendre que les jeunes des banlieues populaires dansent le *smurf* au pied des barres, au rythme de NTM, MC Solaar, Run DMC ou Public Enemy, avec en arrière-plan des murs sales couverts de graffitis et de tags » (Lepoutre, 1997, p. 315). Même si nombre de rappeurs revendiquent le monde de la rue – et le terme apparaît aussi bien dans les noms dont ils baptisent leurs groupes, comme les Sages Poètes de la Rue, que dans l'intitulé de leurs albums, par exemple *Art de rue* par la Fonky Family (Sony, 2001) – la qualification du rap en tant qu'« art de rue » mérite quelques nuances.

Aux États-Unis la genèse du rap à partir de la rue n'est sans doute guère contestable. Les premières manifestations repérables du hip-hop furent les *block parties* (voir question 21), ces fêtes improvisées en pleine rue dans lesquelles les DJ s'affrontaient à grand renfort de kilowatts, nourrissant leur *sound system* de l'électricité publique dérivée d'un lampadaire dont on avait forcé la trappe d'accès. Toutes les histoires du rap insistent sur le rôle initiateur du DJ jamaïcain Kool Herc. dans ce mouvement des block parties. Mais, passé cette période fondatrice – et somme toute assez brève –, le rap s'est vite imposé comme une musique de studio. Non seulement le matériel électronique de plus en plus sophistiqué auquel les rappeurs ont recours supporterait mal les conditions d'utilisation en extérieur, mais la complexité toujours accrue du matériau sonore qu'ils mettent en œuvre exige des manipulations délicates qui nécessitent une longue élaboration en studio. En 1988, le groupe Public Enemy, travaillant encore en technique analogique, affirmait déjà avoir superposé jusqu'à soixante-dix pistes pour réaliser son album *It Takes a Nation of Millions to Hold Us back* (Def Jam, 1988). Dans leurs procédures d'élaboration de la matière sonore, les rappeurs ont une approche qui correspond sans doute davantage à celle des musiciens de l'Ircam qu'elle ne ressemble au stéréotype traditionnel du musicien des rues. À l'occasion de la compilation *Rappatitude* (Label Noir-Virgin, 1990), les rappeurs français furent même invités à utiliser les locaux du prestigieux institut de recherche parisien pour produire leurs morceaux, une occasion qu'ils surent mettre à profit sans le moindre complexe. Ainsi, la rappeuse Saliha raconte (Bocquet et Pierre-Adolphe, 1997, p. 126) : « Je suis allée à l'Ircam et j'ai posé ma voix. » Une simplicité biblique !

Notons enfin que, dans l'*inner city* américaine, faute des plus élémentaires travaux de voirie, la rue a de plus en plus tendance à disparaître à titre d'espace propre au profit d'une opposition indifférenciée du bâti et du non-bâti.

En France, la rue qui quadrille l'espace public de nos villes n'a pas seulement tendance à disparaître des grands ensembles où le rap s'est installé ; elle en a été délibérément exclue dans les projets des architectes qui ont conçu les lieux. Paradoxalement, au moment où les rappeurs en revendiquent avec force l'influence, ce que l'on appelle à proprement parler « la rue » n'est plus, sur leur terrain d'élection, qu'une vague entité administrative, sans véritable réalité dans l'univers physique de la cité – ce qui explique, au passage, qu'en l'absence de trottoirs où circuler, les jeunes des cités occupent le seuil des immeubles et les cages d'escaliers.

En outre, contrairement au schéma de sa genèse américaine, le rap n'est pas venu en France par le canal de la rue, mais par celui des médias, et fut importé à titre de curiosité par des personnes pour la plupart extérieures au mouvement hip-hop et sans liens effectifs avec le terreau social et culturel où il allait bientôt se développer.

De l'ensemble des pratiques liées à la culture hip-hop, le rap est sans doute celle qui s'inscrit le moins dans l'espace physique de la rue, sauf à s'échapper de la fenêtre d'une voiture en maraude. Le tag et le graff investissent les artères des villes – encore que les virtuoses de la bombe à peinture préfèrent coloniser les trains et les murs aveugles des voix ferrées – ; la breakdance se pratique parfois – de moins en moins – sur les trottoirs ou sur les places publiques. Les rappeurs, en revanche, pour confectionner leurs morceaux, ont d'abord besoin de toute la palette des moyens techniques de production et de reproduction sonore dont l'usage ne s'accommode pas de la rue. À la fois source revendiquée d'inspiration et gage de crédibilité pour les rappeurs, la rue s'impose donc davantage, pour ces derniers, comme une idée régulatrice que comme un lieu matériel d'expression. Se référer à l'univers à la fois conflictuel et dévalué de la rue constitue, en l'occurrence, un moyen de signifier la rupture avec l'ordre établi de la culture dominante et de l'art officiel. Au nom de cette idée régulatrice érigée en principe esthétique, les rappeurs prétendent investir le site de l'art et, au besoin, en déloger les titulaires en place. C'est en cela que l'on peut parler d'« offensive rap ».

Peut-on ranger le rap parmi les « cultures adolescentes » ?

Renvoyer une expression à une tranche d'âge est une autre façon de lui refuser une réelle prétention esthétique. Qui, par exemple, aurait l'idée de qualifier l'œuvre de Rimbaud de « poésie adolescente » – ce qu'elle était pourtant aux yeux de son propre auteur – ou le théâtre de Jarry de « théâtre adolescent », alors même que le personnage d'Ubu fut conçu par son créateur comme une galéjade de potache, qui oserait enfin ranger sous la bannière des « musiques enfantines » les premières œuvres de Mozart ? Être totale, quel que soit l'âge auquel elle engage le sujet, est sans doute l'un des privilèges que l'expérience esthétique partage avec le jeu. Les rappeurs eux-mêmes se montrent plutôt méfiants à l'égard de ce genre de catégorisation : pour Freeman, membre du groupe IAM, « les gens pensent que le rap ne concerne que les ados, ils se trompent » (entretien accordé au quotidien *Libération*, 18 septembre 2003).

De plus, même prise au pied de la lettre, la formule « musique adolescente » n'est guère adéquate pour qualifier le rap. En effet, si les rockers sont devenus de sémillants grands-pères, nombre de rappeurs sont déjà pères depuis quelque temps – *Laisse pas traîner ton fils*, leur arrive-t-il même de conseiller (album *Suprême NTM*, Epic-Sony, 1998), et leur public ne se recrute pas non plus exclusivement chez les collégiens. Mais surtout, si l'on peut effectivement considérer l'émergence du rock, dans les années 1950, comme le résultat d'un détournement du patrimoine musical afro-américains par des adolescents blancs en pleine crise d'identité, le rap n'est en revanche qu'un rameau supplémentaire, issu de ce même patrimoine plus que séculaire. C'est l'écho de tout un passé culturel, trop longtemps tu, ou tenu de porter un masque de bienséance consensuelle, qui s'exprime par la voix des rappeurs ; une perspective historique à ne pas oublier et qui dépasse le cadre d'une simple crise d'adolescence. Plus de détour donc, c'est bien dans ses manifestations esthético-poétiques à part entière qu'il convient de considérer le rap. Ce qui ne signifie évidemment pas qu'il faille pour autant négliger les implications sociologiques. L'*inner city* des ghettos américains, la cité de nos banlieues constituent bien l'assise sur laquelle le hip-hop enracine son expression, le terreau où il provigne, et les jeunes de ces quartiers en sont effectivement les protagonistes. Le contenu social du rap participe de son contenu de vérité, mais il ne l'y réduit pas. Affirmer cela, c'est en fait rappeler une évidence : ce qui vaut en l'occurrence pour le rap se vérifie également pour n'importe quel phénomène culturel. Relever par ailleurs que, dans leurs rimes ou dans leurs musiques, certains rappeurs manquent parfois de maturité, n'autorise pas pour autant à étiqueter globalement le rap comme une « musique adolescente ».

II

ORIGINES

 D'où vient le terme « rap » ?

Avant d'entrer dans des considérations d'ordre linguistique, il n'est pas inutile de remarquer que, contrairement à de nombreux termes lexicaux chargés de désigner les pratiques musicales ou culturelles des Afro-Américains, le mot *rap* a été choisi par les créateurs eux-mêmes, et non imposé de l'extérieur comme ce fut le cas, par exemple, pour le vocable *jazz*, que rejettent nombre de musiciens. En outre, contrairement aux autres appellations en la matière – pensons aux substantifs *blues* [1], *jazz*, *boogie-woogie*, *funk*, ou encore à l'adjectif *hot*, etc. – le terme *rap* ne revêt pas, à l'origine, de connotation explicitement sexuelle.

En anglais, le verbe *to rap* n'est du reste pas un nouveau venu. Il désigne initialement l'action de porter une succession de coups brefs et vigoureux distribués à une cadence élevée – selon Chapman, *rap* pourrait être, en fait, une abréviation de *rapid* (Levet, 2003). Les adeptes du spiritisme ont adopté le verbe *to rap* pour désigner les coups que l'esprit interrogé est censé frapper pour manifester sa présence lors d'une séance d'invocation (*Webster Dictionary*). Enfin, depuis la fin du XIXᵉ siècle, le verbe *to rap* est fréquemment employé pour signifier « tailler une bavette », « baratiner », « tchatcher ». En fait, le terme *rap* implique plusieurs éléments convergents qui expliquent le déplacement sémantique sur le terrain symbolique de la parole et de la création verbale :

1. L'idée de coup sec porté avec force ;
2. L'idée d'action rythmique ;
3. L'idée de cadence élevée ;
4. Le terme connote enfin la dimension ludique d'une parole où la volonté de signifier semble conditionnée par le simple plaisir de dire.

On sait en outre que, bien avant l'existence du phénomène hip-hop tel que nous le connaissons, les Afro-Américains utilisaient couramment le verbe *to rap* pour désigner un mode d'adresse, scandé et de préférence rimé, ou jouant sur les homophonies, dont la culture hip-hop n'aura finalement fait que systématiser l'usage en étendant les ressources de cette forme symbolique d'interpellation. De manière assez inhabituelle en art, le vocatif est bien la forme première sous-jacente à toute l'expression rap, avec ce que cela implique de stratégies illocutoires et d'invite à la répartie. Ainsi, *rap* peut désigner un échange formulaire entre pairs, mais aussi l'admonestation d'un *preacher* (prédicateur) au cours d'un office, ou même la plaidoirie prononcée par un avocat, comme il peut signifier le baratin que le dragueur improvise pour séduire sa proie. Employé comme substantif, *a rap* désigne parfois une condamnation à une peine de prison (Levet, 2003).

Sans s'interroger sur les subtilités de l'étymologie, les Français ont repris tel quel le terme à leur compte et forgé le verbe « rap(p)er » sans vraiment se poser la question de savoir si le mot devait alors s'écrire avec un seul *p* ou en redoublant la consonne. Les lexicographes trancheront.

Le rap est-il nouveau ?

Ces considérations, qui attestent l'existence du terme depuis un certain temps, induisent à penser que le rap n'a pas jailli subrepticement de l'*inner city* à la fin des années 1970. Si le premier succès discographique du rap, *Rappers Delight*, par le Suggarhill Gang, date de 1979 – il avait été précédé de quelques semaines par l'obscur *King Tim III (personality jock)* de l'oublié

Fatback –, la culture hip-hop apparaît davantage comme la résurgence de manifestations expressives ancrées depuis longtemps dans la culture afro-américaine que comme une innovation radicale. L'effet de surprise induit par l'irruption du rap tient au fait que certaines attitudes symboliques à usage interne, et maintenues sous le boisseau par les membres de la communauté noire, firent soudain l'objet d'une revendication publique tonitruante, prenant d'assaut les ressources de l'industrie culturelle. À ce titre, l'expression *rap attack*, forgée par le fin connaisseur de la culture hip-hop qu'est David Toop, n'est pas usurpée (Toop, 2000).

Sans entrer dans les détails d'une analyse que j'ai eu l'occasion de développer dans un ouvrage récemment réédité (Béthune, 2003), il semble que la culture afro-américaine ait développé depuis longtemps les éléments dont se nourrit la poétique du rap. Lorsqu'on se penche sur la culture vernaculaire des Afro-Américains, on y retrouve déjà à l'œuvre la plupart des ingrédients exacerbés par le rap : le penchant pour la démesure verbale que l'on rencontre dans les *toasts* – avec leur lot de vantardises, la violence dans les propos tenus et l'obscénité qui s'y affiche – ; les procédés mimétiques qui font la part belle aux postures gestuelles et aux climats sonores où prévaut le bruitage ; le recours à un style formulaire qui sollicite la mémoire collective ; le goût pour les pratiques agonistiques qui ont tendance à transformer les prestations en joutes, etc.

Bien que tenue à l'écart des grandes diffusions médiatiques, cette culture vernaculaire n'a jamais totalement cessé de circuler parmi les membres de la communauté noire. Non seulement les adolescents n'ont jamais vraiment cessé de véhiculer ces histoires violentes et salaces à l'intérieur du cercle des pairs, mais ce sont ces mêmes histoires, retaillées à l'aune des circonstances, qui constituent le noyau sur lequel les comiques afro-américains – dont les shows sillonnent le pays – étayent leurs récits burlesques. À l'écoute par exemple de l'enregistrement *Hear comes the judge !*, dû à la verve de « Pigmeat » Marckman (Chess, 1969), un habitué de ces circuits burlesques à l'usage de la communauté afro-américaine, on comprend bien où le rap a puisé une partie de son inspiration. Non seulement par sa thématique – le comique tourne en dérision un juge local à grand renfort de blagues salaces – mais par la façon même de scander le récit,

« Pigmeat » fait plus qu'annoncer ce qui deviendra le rap quelque dix ans plus tard.

La nouveauté du hip-hop tient au fait que les rappeurs ont investi avec gourmandise les moyens que la technologie mettait à leur disposition, en les détournant souvent à d'autres fins [2]. Non seulement la technologie a fourni des ressources inédites à l'expression des rappeurs, mais elle leur a également permis de produire des disques à coût réduit (ce qui n'était pas le cas à l'époque de la lourde technologie du 78-tours) et ainsi de court-circuiter la censure implicite opérée par l'industrie du disque. Avec la généralisation d'Internet, les rappeurs purent également prendre en main la diffusion de leurs œuvres et faire circuler les informations, lieux et dates de concerts, dates de sortie d'albums, critiques diverses, etc. Dans son titre *www.passiweb.com*, le rappeur invite, non sans humour, ses fans à aller consulter son site personnel sur le net : « Moi j'débarque sur le net, en clair et net / C'est passiweb.com comme une comète sur la planète » (album *Genèse*, Issap Prod., 2000).

Pour qu'une forme d'expression, qui n'était en rien programmée par les médias, se répande avec autant de célérité et atteigne une telle ampleur, il fallait en effet qu'elle contînt déjà les germes longuement mûris de son épanouissement.

11 Quels liens le rap entretient-il avec le reggae ?

Musique accentuée sur le temps, le rap américain présente *a priori* de sérieuses différences avec le reggae jamaïcain, qui privilégie systématiquement le contretemps. Pourtant, entre les deux formes d'expression, la relation est plus que de simple cousinage. Il convient d'abord de ne pas oublier qu'en la personne de Kool Herc., l'un des initiateurs du mouvement hip-hop (voir question 21), le rap plonge profondément une part de ses racines dans le terreau jamaïcain d'où il tire certains de ses principes.

C'est à Kool Herc. que l'on doit, dans la pure tradition jamaïcaine du *toast*, la pratique qui consiste pour le DJ à intervenir vocalement par-dessus la musique, et même à l'interrompre par des *breaks* vocaux, une façon de procéder qui en soi contient déjà tout l'art du MC (*master of ceremony*) sans lequel le rap ne serait pas. Mais surtout, contrairement à la musique jamaïcaine dont l'expression s'appuie sur une volonté de faire accéder à une perception physique et même viscérale du son, directement liée à une inflation de décibels, la musique afro-américaine ne repose pas à l'origine sur une tradition du bruit en tant que critère esthétique. D'une certaine manière, les musiciens de blues ou de jazz ont au contraire mené une guerre contre le jeu trop bruyant. On sait par exemple que Jimmy Lunceford, leader d'un des plus prestigieux big bands de la période swing, affirmait que l'orchestre devait adapter son niveau sonore de façon à toujours pouvoir être en mesure d'entendre les pieds des danseurs touchant le sol en même temps que la musique de l'orchestre. Le bruit (*noise*) cher aux rappeurs (voir question 19) semble donc bien d'importation jamaïcaine, et c'est du reste dans le sens du meilleur rendement acoustique de son *sound system* que Kool Herc. a essentiellement fait porter ses efforts : « Un jour j'ai conçu un petit circuit particulier reliant les speakers à l'amplificateur, et de fil en aiguille, j'ai fini par avoir la puissance. Boom, boom, regarde-moi ça, je soulevais toute la cour de derrière » (Garnier, 2003, t. 1, p. 219). Autre apport déterminant du reggae au rap, la façon de penser le rythme sous forme d'un collage de motifs rythmiques (*riddims*) sur fond de beat continu assumé par la basse et la grosse caisse. Alors que la polyrythmie du jazz s'accomplit dans le cadre d'une continuité pulsative où la rupture reste finalement l'exception, le reggae oppose la continuité du beat à la continuelle rupture rythmique des riddims : le rap retiendra cette leçon et saura la faire fructifier (voir question 20).

Enfin, le reggae jamaïcain se déploie à partir d'une tradition d'éducation de la conscience par l'hédonisme de la fête qui fait la base même des principes philosophiques de la Zulu Nation (voir question 46 et annexe 1). Des rappeurs ou des groupes comme Shinehead, Public Enemy, Guru ou KRS ONE sauront reprendre à leur compte et rendre effective cette volonté d'*edutainement* [3] qui consiste à promouvoir le *dancehall* autant en salle de récréation qu'en lieu de prise de conscience politique et sociale, comme surent le faire avant eux les musiciens de reggae. KRS ONE va encore plus loin : selon lui, les rapports entre rap et reggae seraient même de l'ordre de la fusion pure et simple : « Je pense juste que le reggae est un style de hip-hop et j'en ai fait mon affaire depuis 85. J'avais dit, voilà le nouveau style est le hip-hop/reggae – c'est quelque chose qu'on a mélangé nous-mêmes » (S. H. Fernando, 1995, 2000). Toutefois, en dépit des déclarations de principe et de quelques réalisations significatives, mais ponctuelles, où la collaboration entre rappeurs et musiciens de reggae est effective, cette fusion du rap et du reggae n'apparaît pas toujours de manière évidente dans le rap américain. Elle a en revanche trouvé un terrain d'expression particulièrement propice sur notre sol. En France en effet, sous l'effet conjoint de l'influence antillaise et de raisons propres à la structure rythmique de notre langue (voir question 27), le rap et le reggae semblent entretenir des relations de voisinage beaucoup plus étroites qu'aux États-Unis, et leur fusion sous la bannière commune du raggamuffin y a trouvé de solides ancrages.

Pourquoi le rap a-t-il si bien « pris » en France ?

Il est plus difficile, à première vue, d'expliquer le succès du rap et de la culture hip-hop sur notre sol. En France, les rappeurs ne pouvaient en effet se prévaloir des ferments symboliques propres à la culture afro-américaine, à partir desquels le rap s'est développé en Amérique. Importée des États-Unis par le canal des médias, la culture hip-hop a pourtant trouvé dans l'Hexagone un terrain particulièrement fécond où elle prospère depuis une vingtaine d'années. La France n'est pas seulement un pays de consommation des produits de la culture hip-hop, c'est également, après les États-Unis, le premier pays producteur en la matière : non seulement le rap, mais aussi la breakdance et ses variantes, l'art du graffiti et même la mode vestimentaire ou la gestuelle ont rencontré dans l'Hexagone un écho inattendu. C'est même sans conteste la danse qui a permis au mouvement hip-hop de s'implanter durablement en France : « Le vrai départ, c'était ça. La musique ce n'était pas trop notre truc. Notre truc c'était la danse », reconnaît Kool Shen, protagoniste du groupe NTM (Bocquet et Pierre-

Adolphe, 1997, p. 51). Le smurf, comme on appelait à l'époque la breakdance, offrait aux jeunes une nouvelle façon de se mouvoir, d'inventer une expression à partir d'un travail sur le corps, et cumulait des vertus esthétiques et sportives permettant de sublimer les tensions agonistiques de la vie sociale en cité : « Dans l'âme – admet Kool Shen – on était des compétiteurs. On était acharnés. Ce qui nous intéressait, c'était de mettre des claques le dimanche au Bataclan » (Bocquet et Pierre-Adolphe, 1997, p. 52). Contrairement aux rappeurs, confrontés à l'obstacle de la langue, les breakdancers français n'avaient pas besoin d'adapter ou de transposer ce que leur apportait l'Amérique ; il suffisait d'apprendre à bouger.

Ranger la culture hip-hop en général, et le rap en particulier, sous la rubrique approximative des « cultures urbaines » et expliquer que les adolescents noirs de l'*inner city* et les jeunes marginalisés des quartiers se trouvant confrontés à des problèmes sociaux comparables, il est légitime qu'ils adoptent un mode d'expression similaire, reste une explication réductrice qui passe un peu vite sur les différences et laisse plusieurs questions en suspens. Pourquoi, par exemple, malgré les convergences manifestes entre les systèmes culturels et sociaux américain et britannique, auxquelles s'ajoute une évidente communauté linguistique [4], le rap reste-t-il d'une diffusion quasi confidentielle en Grande-Bretagne ? Alors qu'au contraire, dès le milieu des années 1960, le rock n'roll britannique est venu contester la suprématie du modèle américain jusque dans sa patrie d'origine. Devant ce genre de question, la théorie des convergences sociales semble démunie.

L'hypothèse serait qu'en France le rap a pris valeur de « tiers lieu culturel » aux oreilles de jeunes issus pour la plupart de l'immigration et qui ne se reconnaissaient ni dans la culture traditionnelle de leurs parents, ni dans la culture dominante véhiculée par l'école et par les médias (Rubin, à paraître). Pour les fils de l'immigration et des cités, le hip-hop vient à point nommé régénérer « une culture dissoute et corrompue de A à Z » (La Rumeur, *Blessé dans mon ego*).

Mais l'enracinement de la culture hip-hop sur notre sol n'a été effectivement possible qu'au prix d'une transposition des circonstances symboliques, culturelles, linguistiques, ethniques... et bien entendu sociales et politiques auxquelles le rap devait son émergence aux États-Unis. Ce jeu créatif de transposition, qui imbrique similitudes et différences, a permis au rap français de conquérir son autonomie et son originalité créatrice, exigeant des créateurs qu'ils réaménagent la perspective esthétique du hip-hop et résolvent en des termes propres les problèmes poétiques auxquels ils se trouvaient confrontés.

En effet contrairement sans doute au rock n'roll – du moins à ses débuts –, le rap est un mode d'expression où le texte ne le cède en rien à la musique, ou plutôt qui instaure un mode de tension particulière entre les paroles et la musique. De ce fait, les rappeurs français ne pouvaient se contenter, comme l'ont volontiers pratiqué les rockers hexagonaux, de recourir au « yaourt », ce charabia qui se limite à singer de manière approximative les sonorités de l'anglais, en dehors de tout contenu sémantique. Mais l'impératif de scander en français drainait son cortège de problèmes propres, dont la solution conduisait chaque fois les rappeurs s'exprimant en français à se tenir à distance du modèle américain, à en retravailler la forme et le fond. En effet, devant la nécessité d'utiliser la langue de Molière les rappeurs se sont trouvés confrontés à des problèmes aigus de prosodie : problèmes de rythme et mètre, d'accentuation et de timbre, de sonorité et de versification (voir question 33). Ainsi, Lionel D., l'un des pionniers du rap français, après avoir essayé de restituer phonétiquement des raps américains, confirme : « J'ai commencé à écrire des trucs en français. Je me disais que chaque langue a son rythme, donc qu'il y avait forcément une adaptation possible sans des rythmiques de phrasé américain » (Boquet et Pierre-Adolphe, 1997, p. 41).

À partir du moment où le français devenait le véhicule de leur mise en scène poétique, les rappeurs devaient en partie renoncer aux références propres de la culture afro-américaine, adapter la symbolique de l'*inner city* sur laquelle fleurissait le rap américain, et en réaménager les thèmes. Faute de ce recadrage crucial, le rap français risquait de tourner à vide, tant il est vrai qu'« un texte ne peut trouver le principe essentiel de son rythme que dans le système de la langue qu'il met en œuvre » (Pineau, 1979, p. 18). Les adaptations furent d'autant plus efficaces que, contrairement à ce que l'on pense généralement, les rappeurs français sont plutôt de bons linguistes, surtout si on les compare au niveau du reste de la population française. Non seulement ils ont souvent une assez fine connaissance du *black english*, mais, du fait de leur origine ethnique, la plupart d'entre eux, en plus du français qu'ils ont appris à l'école, pratiquent couramment une autre langue (voire deux [5]), au sein de leur propre famille (langues africaines, arabe, kabyle voire italien ou portugais), compétences auxquelles il convient d'ajouter la virtuosité langagière que requiert le parler des cités : si ce dernier écorche volontiers la syntaxe du français standard, il sensibilise l'oreille à des traits de prosodie habituellement négligés par les locuteurs. Le fait que le rap permette de valoriser comme une compétence effective une disposition linguistique que, généralement, l'école ignore ou perçoit plutôt comme un handicap, contribue à expliquer le succès de cette forme d'expression sur notre sol.

Une autre raison du succès du rap en France réside sans doute dans le fait qu'il est longtemps resté à l'écart – et le reste partiellement – des influences institutionnelles, et médiatiques. En pratiquant le rap, il devenait possible de se réapproprier des apprentissages scolaires – et notamment littéraires – en dehors de toute influence normative ; dans un mouvement ambivalent extrêmement fécond, les rappeurs français subliment la culture scolaire et lui tordent le cou.

Mais, après un effet de mode qui, dans les années 1980, permit au rap de se faire connaître sur tout le territoire – le hip-hop eut même un temps droit aux honneurs d'une émission sur TF1 (animée par Sidney, un bassiste funk plutôt doué, l'émission s'intitulait tout simplement *Hip-hop*) – le soufflé médiatique est vite retombé. Paradoxalement, ce désintérêt s'est révélé bénéfique : il laissait le champ libre aux créateurs qui purent développer leur expression sans avoir à rendre de comptes ou à en négocier les formes avec des directeurs artistiques, davantage intéressés par le chiffre de vente potentiel d'un single, d'un album ou d'un clip que par la qualité intrinsèque d'une création. Favorisée par une accessibilité de plus en plus aisée aux moyens de production et de reproduction sonores et scripturaux, la culture hip-hop s'est constituée en un réseau diffus et efficace. Cassettes, puis CD et clips autoproduits se mirent à circuler, soutenus par la mise en circulation de fanzines, souvent gratuits, réalisés par les adeptes dévoués à la cause, ainsi que par des informations pratiques (lieux de concerts, dates de sortie de disques, etc.) ou culturelles (histoire du mouvement, analyses de morceaux, traductions etc.) véhiculées sur Internet. Lorsque, pour ne pas rater la déferlante qui avait gonflé à leur insu, les grandes compagnies discographiques prêtèrent de nouveau l'oreille aux réalisations des rappeurs, les décideurs furent bien forcés d'entériner, parfois à leur corps défendant, nombre des choix esthétiques sur lesquels ils n'avaient pas pu influer. Les maisons de disques n'avaient pas seulement affaire à des individus isolés, mais à des équipes constituées (posse), à des réseaux structurés. La politique des quotas qui, à partir de 1994, obligeait les stations radios à diffuser au moins 60 % de chanteurs français, propulsa une nouvelle foi le rap sur les ondes. Pressés par la nécessité, les directeurs d'antennes furent le plus souvent contraints d'admettre ce que proposaient les rappeurs en limitant leur exercice du droit de censure.

Cet espace de liberté, médiatique et institutionnel – qui perdure encore, mais pour combien de temps ? –, a semble-t-il compté pour beaucoup dans le succès du rap sur notre sol. Avec la culture hip-hop, les exclus des cités, ces quartiers que l'on dit « sensibles » et « défavorisés », pouvaient en effet donner une image valorisée d'eux-mêmes et envisager de prendre positivement en main une part déterminante de leur destin, sans avoir, pour une fois, à rendre de comptes à qui que ce soit. Que ces lascars à la verve turbulente rivalisent en outre sans complexe, sur le terrain de l'expression, avec des artistes patentés et prétendent leur tenir la dragée haute ne fut pas la moindre cause de l'agressivité entretenue à l'endroit du rap. On aurait vraisemblablement excusé les rappeurs de convoiter les biens de ce monde, on ne leur pardonne pas de se prétendre des artistes.

III

ATTITUDES HIP-HOP

> « La musique noire est essentiellement l'expression d'une attitude ou d'un ensemble d'attitudes concernant le monde. »
>
> LeRoi Jones, *alias* Amiri Baraka

13

Quel est le sens du mot « attitude » ?

Aux États-Unis, le mot *attitude* – que le *black english* tronque volontiers en *tude* – est l'un des termes clés de la culture hip-hop : « Le hip-hop c'est l'attitude, une manière de penser, un sentiment, une vision du monde » (Garnier, 2003, t. 1, p. 82). Pour comprendre ce que connote ce vocable, il faut se reporter à l'univers esclavagiste de la plantation. De la part d'un esclave, prendre une attitude (*to have an attitude*) constitue aux yeux des maîtres une insolence suffisante pour justifier un châtiment corporel. Dans les registres où les planteurs consignaient au jour le jour les menus faits du domaine, on trouve souvent la mention « a été fouetté pour avoir eu une attitude ». Est en l'occurrence considéré comme une « attitude » de la part de l'esclave tout comportement par lequel ce dernier semble manifester une volonté d'apparaître en tant que sujet. Puisque le statut de personne est incompatible avec la condition servile, toute velléité de se conduire comme telle est interprétée par les propriétaires comme un acte intolérable de rébellion. Après l'abolition, « avoir une attitude », pour un Noir, est perçu par les Blancs du Sud comme une intention avérée de « ne pas rester à sa place », et considéré de ce fait comme un acte de subversion qui, constaté pour la première fois, vaut une admonestation à son auteur, mais risque d'entraîner des sévices en cas de récidive avérée. Regarder un Blanc dans les yeux, lui adresser la parole sans y avoir été invité, répondre en prenant une voix grave, déployer toute sa stature, marcher du côté ombragé de la rue, etc., ces comportements entrent dans la catégorie des « attitudes » et sont interprétés comme autant d'indices signalant, chez un Nègre, une décision de remettre en cause les rôles sociaux impartis à chaque ethnie.

On peut donc expliquer le glissement par lequel le mot « attitude » est devenu en argot américain synonyme d'« agressivité ». On comprend également les raisons pour lesquelles la culture afro-américaine a fait de la mise en scène ostentatoire des « attitudes » un élément décisif de sa symbolique : parade gestuelle et vestimentaire, démesure, vantardise, violence verbale, obscénité, etc., n'ont pas fait leur apparition avec le rap ; ce sont au contraire les éléments moteurs d'une culture séculaire dont le hip-hop n'est que la résurgence (Béthune, 2003). Dans ces conditions, on comprend mieux pourquoi un groupe de rappeurs qui aura fait date dans l'histoire du mouvement a choisi de s'appeler de manière emblématique Niggers With Attitude.

Issus pour une forte proportion d'entre eux de l'immigration – c'est-à-dire de l'ancien empire colonial de la République –, les rappeurs français ont été particulièrement sensibles à cette symbolique de surenchère égotique. Tout aussi discriminatoire, le paternalisme colonial impose à sa manière une stricte répartition des rôles sociaux : il assigne l'autochtone subjugué à un statut de minorité juridique et le confine à une existence de sujet infantilisé qui passe par des rituels de soumission. La position d'exclus que subissent aujourd'hui les jeunes des quartiers difficiles, le délit de faciès auquel ils se trouvent quotidiennement confrontés ne fait que renforcer la tendance de mise en valeur symbolique du sujet. Les rappeurs ont alors beau jeu de dénoncer le paradoxe : « Dans un pays qui se dit libre et pays des droits de l'homme / Comment se fait-il que le délit de sale gueule fonctionne ? » s'interroge le MC du groupe Tout Simplement Noir (*OPI2FLIC*, album *Dans Paris nocturne*, Night & Day, 1995).

Pourtant, une interprétation strictement sociologique du rap risque, une fois de plus, de résorber la mise en scène stylisée des attitudes élaborées par les rappeurs en expression brute des émotions. Toute attitude est déjà, pour le sujet qui l'emprunte, une maîtrise de l'intériorité par le style :

> Cela ne veut pas dire que les attitudes ne comportent pas encore une part d'émotion. Mais cette dernière est devenue stylisée, ou si l'on veut *conventionnalisée*, au point d'être reconnaissable sans problèmes par les sujets d'une même communauté. Le fait même qu'elle peut prendre des formes variables et contrôlées selon l'interlocuteur, la situation, le milieu ou l'époque, prouve que l'attitude suppose une maîtrise de soi qui échappe à l'émotion. (Pierre Léon, 1993, p. 138)

Dans la mesure où le rap utilise des techniques sonores sophistiquées, met en place une poétique qui fait appel à des artifices d'écriture inhabituels et aménage une prosodie qui repose sur des procédés phonostylistiques complexes, il est difficile de percevoir sans une initiation minimale comment, dans le rap, se joue le travail du style, c'est-à-dire le contrôle esthétique des émotions. Un travail d'écoute d'autant plus difficile à accomplir que, dans leurs performances, les rappeurs instaurent de multiples tensions perturbatrices entre scansion des paroles et pulsation de la musique, entre l'écriture du texte et sa vocalisation... Avant de se pencher sur la mise en œuvre poétique du style, il convient de s'interroger sur quelques attitudes propre à la culture hip-hop.

14 *Qu'est-ce que l'ego trip ?*

Si « le moi est haïssable » à qui revendique l'urbanité (voir question 6), les rappeurs ne font, semble-t-il, pas grand cas de la maxime pascalienne. En effet, « le rappeur parle de soi en train de parler. D'entrée le *je* s'affiche complaisamment, cherche à imprimer sa marque et capter les esprits » (Bazin, 1995, p. 225). Cette affirmation symbolique du *je* prend généralement des formes hyperboliques : « *If David could go against Goliath with a stone / I can go at Nas and Jigga, both for the throne* » (« Si David a terrassé Goliath avec une pierre / J'peux m'faire Nas et Jigga [deux rappeurs confirmés] en même temps et à moi le trône »), se glorifie crânement 50 Cents – nouveau venu sur la scène hip-hop – dans le rap *High All the Time* (album *Get Rich Or Die Tryin*, 2003).

En matière de rap, la mise en scène ostentatoire de sa propre valeur constitue en effet une des lois du genre ; celle-ci commence avec la façon compulsive dont les rappeurs se plaisent à proclamer rituellement leur propre nom ou celui de leur groupe au fil des prestations : « Il semble tout de même surprenant qu'en concert, ou même dans les albums, le nom soit répété, proclamé, scandé, comme s'il s'agissait d'un slogan » s'étonne Jean Calio (1995, p. 37). Pour surprenant qu'il soit, le procédé confère au rap une dimension épigraphique : en proclamant son nom (ou celui de son groupe, de son *posse*), le MC dissémine sa renommée comme l'épigraphe grecque le fait du *kléos* (renom) de son scripturaire, ou le tag du graffeur. Du reste, souligne Jasper Svembro, pour un Grec, même porté par l'écriture, le *kléos* est de nature essentiellement acoustique (Svembro, 1998). Enregistré sur le disque – on parle en l'occurrence de gravure – chargé de le diffuser, le renom du MC – ou de son groupe – se trouve métaphoriquement « gravé dans la roche » ; une conception que semblent explicitement confirmer les membres du groupe Sniper, qui intitulent précisément leur second album *Gravé dans la roche* (Desh Music-East West France, 2003) et affirment leur renommée conquise au mérite dans le titre éponyme :

Comme une encre impossible à effacer
Comme un tag à l'acide ou comme mon blaze
Gravé à la bougie sur les vitre du RER
Sniper avec un putain d'décor.

Certains morceaux sont même exclusivement dévolus à l'autoglorification de la personne du MC. Les rappeurs rangent cette forme canonique sous la catégorie de l'*ego trip*. Tantôt un nouveau venu sur la scène hip-hop annonce qu'il va bousculer les gloires en place – qui, par crainte de son talent, intriguaient afin de le maintenir dans l'ombre – et remettre en question la hiérarchie des valeurs établies ; tantôt des rappeurs confirmés se targuent d'une réputation assise dans la durée (on est toujours là) et préviennent qu'ils vont remettre de l'ordre dans l'univers du rap, renvoyer à leurs études les débutants qui n'ont pas fait leurs classes et mettre à l'amende les rappeurs reconnus qui se sont laissé aller à des complaisances : « Le rap c'est pour dominer / Et ça va pas s'terminer », proclame lucidement Passi dans *Pour mes supporters* (album *Genèse*, Issap Prod., 2000).

Si l'ego trip n'était que cette dérisoire boursouflure du moi, la chose serait, pour le coup, haïssable. Mais d'abord, cette façon typique de rapper prolonge et transpose sur le terrain symbolique la nature agonistique des rapports sociaux tels qu'ils s'établissent dans la cité :

> Le défi est une manière positive de détourner les luttes violentes et l'idéologie de la réussite dans un engagement constructif. Le défi développe sa force dans les expressions artistiques, aussi bien le rap, la danse ou le graff. Il s'agira de se révéler le meilleur de sa discipline par la maîtrise de l'expression. L'agressivité est canalisée dans une recherche de la perfection. Le défi constitue ainsi un moteur, une motivation qui catalyse les émotions. (Bazin, 1995, p. 30)

Ensuite, il convient de garder à l'esprit que cet espace du « je », couvert par l'ego trip, se déploie toujours dans un espace du « jeu » qui consacre le lien social, et délimite une forme symbolique : « Si je fais plus d'*ego-tripping*, plus que Joe, ce n'est pas que j'aime parler de moi plus que Joe, c'est que c'est ma formation et ma conception de l'essence du hip-hop », explique Akhénaton, MC du groupe IAM (Bocquet et Pierre-Adolphe, 1997, p. 181). Par-delà son contenu sémantique, l'ego trip est d'abord *acte* et *jeu* de langage. Par sa forme, l'ego trip sollicite la dimension pragmatique du discours et incite illocutoirement ses destinataires – le plus souvent les autres MC – à formuler une réponse sur le même terrain [1]. Bien sûr, je me vante avec impudence ; certes, je dénigre vigoureusement l'autre, mais je le fais sur le plan de la musique et du discours et, par la même occasion, j'invite mon adversaire à me répliquer sur ce terrain du rythme et de la rime : un authentique terrain de jeux. Ce faisant, non seulement je transpose notre rivalité du domaine de la réalité au plan symbolique, mais, dans la mesure où je m'adresse explicitement à lui, je reconnais l'autre comme sujet à part entière, même si je m'affirme comme supérieur à l'adversaire que je vise : « Je suis la force, elle le légume », scande Diam's dans *Suzy 2003* (album *Brut de femme*, Hostile Records, 2003). Du fait que je m'adresse à lui, je consacre celui que j'interpelle en tant que personne. Par ma provocation verbale, j'invite la victime désignée à me répondre, en lui laissant au passage la possibilité (improbable) de me surpasser : « Imagine qu'elle me sorte moi ? » s'interroge la rappeuse sur le même morceau, en une subite bouffée d'angoisse. Gagnant ou perdant de l'échange, il ne s'agit en l'occurrence que d'un coup, et ce sera, de toute façon, partie remise.

Dans cette confrontation tumultueuse mais, somme toute, pacifique, la poésie a tout à gagner puisque, pour assumer sa suprématie, chacun devra peaufiner ses rimes et soigner son *flow* ; trouver les images les plus percutantes ; mettre en place les rythmes les plus implacables, élaborer les constructions sonores les plus subtiles etc. : « Avec un putain de swing ding / Oui je m'amuse cherche et trouve la ruse / Pour que les mots ainsi enchaînés ne cessent de fuser » (NTM, *De Best*, album *1993, J'appuie sur la gâchette*, Epic, 1993).

Calbo et Lino, les deux MC qui forment le groupe Arsenik, portent même le débat sur le terrain d'un univers outrancier où le fantastique gothique vient doubler la réalité et la distordre par l'emphase macabre ; ici, la théâtralisation de sa mise en scène et l'inflation verbale désamorcent la proclamation égotique du discours qu'elles rendent délibérément peu crédible :

Je deale mes crimes au kilo coupés sur le bloc, choc
hostile comme un Glock
Au stylo distille avec style au micro la rage dans les blocs, claque
les bloodclot
Mate le beat, l'éclate à coups d'lattes, atmosphères suspectes et
ligne plates
Ce morceau va faire date, mate la technique et les stigmates sur les
mecs
J'nique batte au poing ça s'gâte dans mon coin, j'tâte le terrain
(gat) vocal Lino Calbo local fléau focalise l'attention sur le poison
dans l'bocal

Guette le sultan j'ai plus l'temps, j'exporte mon culte en territoire ennemi

Pour les beaufs c'est insultant, je gerbe du verbe mutant, acerbe luttant,

Parmi la mauvaise herbe, débute en rimes brutes et en débitant sec,

Depuis l'temps qu'on en discute, j't'en balance un chouïa, un truc,

Protège ta nuque quand j'éduque mes Rhouyas, une bête de beat lourd comme Boo-ya,

Impec, un Shure SM58 pour la guérilla on fourre, scarlas doués, Dieu soit loué,

Voué à ma cause, un seul souhait : faire échouer leurs plans,

Le fouet claque, ton clan claque des « seufs », un black neuf milli, un clic-clac, une flaque

Ta clique en simili craque, braque les spots billy sur moi et mes potes,

Illico raque pour mes tracks, mes délits, black machiavélique mac,

Lino attaque, allume un cierge pour ses ennemis,

Les vrais amis s'font rares comme les pucelles rue Saint-Denis.

(Arsenik, *Quelques gouttes suffisent*, morceau de l'album éponyme)

Dans les excès vertigineux où il entraîne le MC et plonge son public, l'ego trip est donc essentiellement une invitation à se surpasser qui ne va jamais sans une part d'humour ou de dérision, et donc de distance à l'égard de soi-même. Il est objectivement difficile de prendre au sérieux cette inflation verbale qui puise ses ressources davantage dans un jeu sur les sonorités d'une langue travaillée par le phrasé que dans une exploitation du sens : « (gat) vocal Lino, Calbo, local fléau focalise l'attention sur le poison dans l'bocal ». « Vocal », « Calbo », « local », « focal(ise) », « bocal » : le jeu des associations sonores donne sa consistance au flow en désarticulant le sens dans l'écho de la *phonê*. Comment ne pas reconnaître, dans ce traitement de la parole, la dimension éminemment ludique de ce que Christophe Rubin qualifie de « provocation bouffonne » et de « délire oratoire » ? Le jeu des sons conditionne et dérobe à la fois le sens du propos :

Tout semble être fait pour filtrer de manière ludique les propos tenus : leur déformation extrême par cette référence systématique au macabre, la voix artificielle, la force des allitérations qui altèrent notre capacité à percevoir un sens, sans compter l'intensité du support musical. (Rubin, 2000)

D'autant que, par-delà les excès délibérés du texte, les voix théâtralisées aux accents d'outre-tombe – dans le titre *L'enfer remonte à la surface* (compilation Hostile, vol. 1, 1996), le groupe se proclame même « sponsorisé par les pompes funèbres » –, les vigoureuses ponctuations (poly)rythmiques et les effets sonores participent au triple démantèlement jubilatoire de la voix (*phônê*), du sens (*logos*) et de la trame musicale (*mélos*).

D'autre part, à travers l'auto-affirmation de sa personne, le rappeur qui se lance dans le jeu de l'ego trip ne parle pas que pour lui-même : il *représente* également ses proches, les membres de son collectif (*posse*), les habitants de la cité, voire l'ensemble des jeunes des quartiers en galère : « Ondes de chocs, rimes profondes, j'plaide au micro pour les mecs qui inondent les halls », scande Lino un peu plus loin dans le morceau. On notera au passage comment, subrepticement, le sens reprend en l'occurrence ses droits. Contrairement à ce que l'on pourrait croire, l'emphase sonore et verbale dont se pare l'ego trip dissimule autant qu'elle dévoile ; elle ne va pas sans une part de pudeur, voire de modestie et de générosité.

Outre que le « je » prend parfois la dimension d'un « nous », il convient enfin de ne jamais oublier que le « je » de l'ego trip est en fait souvent un « je » fictif ; aussi fictif que n'importe quel personnage de roman : « Des fois on va dire "je" mais en fait on se met dans la peau d'un personnage. Ce n'est pas Akhénaton ou Chill qui rappe, c'est le personnage qu'il incarne qui va rapper », constate Shurik'N, autre membre du groupe IAM (Bocquet et Pierre-Adolphe, 1997, p. 151). L'oubli de la dimension littéraire du rap incite aux confusions entre fiction et réalité, image du narrateur et personne de l'auteur.

15   *Le rap est-il pessimiste ?*

Le rap dégage souvent une impression d'insondable tristesse, tant dans les textes qui semblent aligner « des kilomètres de rimes pour des rivières de larmes » (Le Troisième Œil, album *Avec le cœur ou rien*, Sony, 2002) que dans l'itération de petites mélodies à l'indicible mélancolie. Pourtant, s'inscrivant dans la lignée des *free parties* qui avaient lancé le mouvement hi-hop, le rap enregistré des débuts se voulait à vocation purement festive. En 1979, le premier succès du hip-hop, *Rappers Delight* (*Le Délice des rappeurs*), avait pour principale ambition d'inciter à la fête en faisant bouger en rythme le corps des danseurs :

> *Now what you hear is not a test – I am rappin' to the beat*
> *And me, the groove, and my friends are gonna try to move your feet.*

> C'que t'entends n'est pas un essai – j'rappe pour le rythme
> Moi, la zique, et tous mes potes on va essayer de t'faire bouger les pieds.

Du reste le slogan de la Zulu Nation, fondée par Africa Bambaataa, éminence grise du hip-hop, n'était-il pas : « *Peace unity and have fun* » (« paix unité et marrez-vous ») ? (voir questions 21, 44). Toujours conçue comme un moment de pure jubilation corporelle à la recherche du *perfect beat*, la musique de Bambaataa fonctionne comme incitation aux joies de la fête partagée. Encore convient-il de rester prudent ; avec la culture afro-américaine, on passe sans transition du rire aux larmes, et l'alacrité n'est jamais bien éloignée du désespoir. Il fallut attendre *The Message*, en 1982, pour qu'une composante beaucoup plus sombre se manifeste dans le rap. Dans ce morceau, devenu un classique, Grand Master Flash et ses Furious Five dressaient le constat sans illusion d'un ghetto en déliquescence :

> *Broken glass everywhere*
> *people pissing in the stairs*
> *You know they just don't care*
> *I can't take the smell, I can't take the noise*
> *got no money to move out, I guess I got no choice.*

> Des tessons éparpillés
> les gens pissent dans les cages d'escalier
> Au fond ils s'en foutent
> j'en ai marre de l'odeur et du bruit
> J'ai pas d'fric pour me casser, j'présume que j'ai pas l'choix.

En France, c'est effectivement sur la voie festive que le hip-hop s'est d'abord engagé : il apportait aux danseurs, ou aux tagueurs, la jouissance physique du geste avec le stress de la performance. Mais les rappeurs français ont vite été agacés par la désinvolture de ton et la tournure irénique que Sidney donnait à son émission sur TF1 : « Sidney il a trop pris ça comme "on est tous des frères et des sœurs, on fait la fête". C'est pas ça le hip-hop » (Kool Shen, dans Bocquet et Pierre-Adolphe, 1997, p. 56). Les rappeurs français semblent avoir privilégié le côté obscur du hip-hop et paraissent se complaire à décrire un monde à l'horizon vide d'espoir : « Écoute ce refrain, retiens-le bien / les choses vont mal ça n'ira pas mieux demain », rappe par exemple Teemour dans le titre *Pas mieux demain* (compilation Hostile, vol. 1, 1996). D'une façon générale, en France, les rappeurs qui, à l'instar du groupe Alliance Ethnik, militent pour un rap essentiellement festif demeurent l'exception. Les raisons de ce choix sont d'ordre à la fois sociologique, culturel, existentiel et poétique. Les rappeurs se veulent d'abord les chroniqueurs de l'univers mouvementé de la cité, de son malheur banal et de ses paroxysmes. Ils se posent explicitement en hérauts des laissés-pour-compte de « l'autre France », ces « anges aux poings serrés » auxquels ils entendent donner la parole par le truchement de leurs œuvres : « Arsenik c'est un battement de cœur / coup d'l'asphalte et d'son chaos / La voix des cas sociaux du bunker », scandent Lino et Calbo dans l'intro qui ouvre leur second album, *Quelque chose a survécu* (Hostile Records, 2002). Il n'est guère étonnant, donc, que ce que les rappeurs ont à faire entendre ne soit pas réjouissant et que la tragédie du quotidien contamine non seulement les rimes, mais aussi la musique : « même ma musique pue le chien », se lamente Sako, le MC des Chiens de Paille (*Maudits soient les yeux fermés*, bande originale du film *Taxi*, dans Collectif Rap 2, *De Paris à Marseille*, Versailles-Sony, 1999).

De façon générale, dans la culture des cités – tout comme dans les usages de l'*inner city* américaine [2] –, il est mal vu de passer pour un pitre, et se faire traiter de « bouffon » constitue une insulte majeure. Dans la mesure où, pour se faire respecter, il faut savoir se faire craindre, il est bon d'adopter une posture de froideur ombrageuse donnant aux autres une image de dur qui ne s'en laisse pas compter. Avant de prétendre faire rire, il faut être en mesure de faire peur ; avant d'espérer naïvement en l'avenir, il est de bon ton de montrer que l'on n'en attend rien.

Mais, d'un autre côté, on sait que le pessimisme et le sens du tragique sont des attitudes esthétiques récurrentes en littérature. Déjà, pour Aristote, dans la mesure où elle est « imitation d'une action de caractère élevé » (*Poétique*, 1449 b 24), la tragédie recèle une dignité esthétique supérieure par rapport à tous les autres genres, en particulier la comédie. Adorno va même jusqu'à dénoncer une « injustice de l'art gai », de l'art qui prétend divertir (Adorno, 1989, p. 67). Dans la mesure où les acteurs du hip-hop prétendent pénétrer de plain-pied – fût-ce par effraction – dans le site de l'art, il est cohérent qu'ils confèrent plus volontiers à leurs réalisations un tour tragique. Mais c'est précisément dans la mesure où le pessimisme se construit en attitude esthétique que les rappeurs parviennent à transcender le désespoir par la poésie. Des morceaux comme *J'appuie sur la gâchette* (NTM), *L'Enfant seul* et *La loi du point final* (Oxmo Puccino), *Maudits soient les yeux fermés* (Les Chiens de Paille) ou encore *Pas l'temps pour les regrets* (Lunatic) prennent une dimension existentielle dont la douloureuse intensité relègue l'anecdote au second plan. La façon dont l'individu y est présenté comme victime d'une fatalité contre laquelle il n'est pas en mesure de lutter n'a, toutes choses égales par ailleurs, rien à envier au sort qu'Eschyle ou Sophocle réservent aux héros qu'ils mettent en scène : « J'ai pas besoin d'tes larmes. Où est le drame / Depuis l'CP les billes, j'sais qu'c'est niqué » (Lunatic). Dans ces morceaux, la distance tragique fait tomber le masque de rodomontade que le rappeur affecte volontiers ailleurs et frappe de « dérision amère » les couronnes qu'il a pu tresser à sa propre gloire. Quels que soient l'insolence et le tapage avec lesquels le MC revendique son autonomie de sujet, la réalité se charge de lui rappeler que la liberté n'est qu'une vue de l'esprit :

> Seul dans la pénombre, avec mon passé,
> Cherchant à me remémorer les joies et les raisons
> Pour lesquelles j'encaisse la monotonie de cette vie.
> Plus désarmé qu'au premier jour,
> Les années blanches de ma jeunesse
> Se sont laissé posséder.
> Quant au futur ! Le futur j'ose même pas y penser.
> Vide est ma vie et pourtant je n'ai pas choisi
> Tant le présent n'est que néant…
> (NTM, *J'appuie sur la gâchette*)

Il n'est plus possible d'entendre les vantardises proférées dans *De Best* (album *1993, J'appuie sur la gâchette*) de la même oreille après avoir été confronté à la méditation désespérée du narrateur du rap *J'appuie sur la gâchette*. La puissance exacerbée du « black mafioso » ne pèse pas lourd devant la solitude de *L'Enfant seul* (Oxmo Puccino), face au caractère impitoyable de la réalité qui s'impose avec âpreté : « Comment lâcher pour la risée d'irisés *lyrics* ? » (Les Chiens de Paille, *Maudits soient les yeux fermés*). Car même l'espace, en principe protégé, de l'écriture, cet espace que je crois maîtriser et où je suis censé affirmer ma liberté de sujet grâce à la qualité de mon travail, n'échappe pas à la fatalité d'un destin morose d'où la douleur émane et qui vient contaminer mes textes : « J'suis ce sombre poète que ce con de mal encombre cherchant la lumière en courant dans le noir derrière une ombre [...] j'kicke ces mots d'où la douleur émane » (Arsenik, *Putain de poésie*, album *Quelque chose a survécu*).

Art désenchanté, le rap se nourrit d'une désillusion ; même l'espace transitionnel de la création poétique a cessé d'être un champ neutre d'expérience : parce que l'écriture est une prise de conscience, elle redouble le poids d'une réalité insoutenable (voir question 31) ; alors, « maudits soient les yeux fermés ».

16 Le rap est-il violent ?

L'attitude violente n'est guère contestable en ce qui concerne le rap ; elle y est même volontiers affichée comme posture dès le nom de baptême que les groupes se choisissent : Assassin, Arsenik, Sniper, Tribu (acronyme scabreux pour Tape la race inférieure des bâtards en uniforme), etc. Il peut toutefois sembler paradoxal de reprocher simultanément au rap son pessimisme et sa violence, car, à y bien réfléchir, la violence du rappeur est cette part de lui-même qui ne se résigne pas. Tant que le sujet est en mesure de distribuer des coups et qu'il se bat, c'est qu'il n'a pas encore renoncé. Pour se défendre contre une réalité qui ne lui fait pas de cadeaux, le rappeur, en bon stratège, choisit l'offensive :

Pourquoi j'suis violent dans mes rimes
Friand de crime dans mes textes
Les vrais savent
Que c'est peut-être la vie que j'ai
Ils veulent nos têtes.
(Lunatic, *Les vrais savent*, compilation L 432, 1997)

Dans le rap américain, le thème presque canonique du *bad-man*, individu qui pratique une violence gratuite, est la résurgence d'une figure esthétique parcourant l'ensemble de la culture afro-américaine (Béthune, 2003, chap. 9). Par un effet de contagion, ce modèle est parfois emprunté par les rappeurs français, mais en général ces derniers présentent la violence non comme un acte gratuit, mais comme une réaction à toutes les formes d'exclusion subies. La mise en scène de la violence dans les textes et les musiques des rappeurs français est d'abord une réponse ; elle se veut moins ludique qu'instrumentale ou pulsionnelle. Il ne s'agit donc pas de faire l'apologie de la violence en soi. Être violent est une nécessité pour survivre, l'agressivité que déploie l'individu est une réponse à la mesure de son pouvoir de résistance dans un monde qui ne vous épargne pas les coups. Mais, d'un autre côté, affronter les forces d'exclusion par la violence physique reste une voie sans issue, car de ce type d'affrontement le pouvoir en place sort inéluctablement victorieux. On peut toujours rêver, à l'instar de Joey Starr, de « traquer les keufs dans les couloirs du métro » (*Police*, album *1993, J'appuie sur la gâchette*), ou, comme Akhénaton, d'« éclater un type des Assedic » (*Éclater un type des Assedic*, album *Métèque et mat*, Delabel, 1995) et obtenir quelque dédommagement affectif en cédant à des bouffées de violence ponctuelle, le système finira toujours par faire payer les fauteurs de troubles. Dans ces conditions, une seule recommandation s'impose : « *Time it up* » (Public Enemy), en français « pose ton gun » (NTM).

Mais, puisque la violence est aussi une condition de survie, il est impossible d'y renoncer totalement ; il s'agit d'en transposer l'impact sur un autre terrain. Le rap devient l'instrument poétique – une *putain d'poésie* – capable, par l'alchimie intime de la création, de convertir la violence réelle du quotidien en une violence symbolique de la musique et du texte : « Écrire c'est... (pfffu)...

c'est magique. Tu n'as pas eu ce sentiment ? [...] Quand j'ai commencé à écrire, j'ai découvert que je faisais plus que raconter une histoire... Tu vois écrire c'est une arme... Une arme plus puissante que n'importe quel coup de poing » (Arsenik, Introduction de *Putain de poésie*, album *Quelque chose a survécu*, Hostile Records, 2002 ; le dialogue cité en préambule est en fait le sample d'une bande sonore de film). Dès lors, les instruments créatifs du rappeur – le stylo, le micro, la console, le sampler, les platines, etc. – deviennent les substituts offensifs des armes du mauvais garçon. Devenu « rimeur à gages », le rappeur endosse le costume du mauvais garçon – de la « caillera » – et, renouant avec l'étymologie anglaise du verbe *to rap* (voir question 9), il assène son beat et instille à ses rimes la violence qu'il s'efforce de juguler dans la réalité. Parallèlement, les métaphores évocatrices de l'agression et du crime se voient réinvesties dans la musique ; la prestation du rappeur s'apparente alors à une opération commando :

> Le mike est monté, les MK2 branchés
> Le 16-pistes est prêt afin de pouvoir enregistrer
> En fait pour abréger nous allons déclencher
> Une énorme opération dans la cité de Phocée
> Tout le monde crie
> Tout le monde trace
> Devant l'attaque des poètes de la planète Mars...
> (IAM, *De la planète Mars*, album éponyme, Virgin, 1991)

De même, « attaquer », « déchirer », « ruiner », « dépouiller », « fumer », et même « tuer », c'est marquer sa suprématie sur l'adversaire au cours d'une joute musicale ; c'est également prendre possession par le rythme du corps de l'auditeur : « Le pouvoir d'affecter rythmiquement le corps de l'autre est représenté de manière récurrente, généralement par la métaphore et l'hyperbole – la mort représentant l'effet maximal sur le corps et l'agression, un impact physique auquel on ne peut se dérober » (Rubin, 2003).

Relatant des histoires emplies de bruit et de fureur, démantelant la langue dans ses composantes à la fois sémantique et phonétique, instaurant une insurrection sonore permanente, les rappeurs, au grand dam des tenants d'une pratique artistique esthétiquement correcte, se font un plaisir sulfureux de vandaliser la culture en place tout en revendiquant avec obstination le statut de musicien et de poète.

C'est peut-être cela que l'on appelle le style.

On notera simplement, pour clore cette question, que, depuis que l'homme a accès aux symboles et maîtrise l'expression, la violence a toujours été considérée comme porteuse d'un contenu esthétique privilégié : elle est le moteur des récits homériques ou des chansons de geste, l'ingrédient indispensable des tragédies shakespeariennes, comme du roman policier contemporain ; elle s'étale même avec une indéniable complaisance dans les représentations de l'art sacré. Un extraterrestre débarquant en Bretagne risquerait, devant l'accumulation des calvaires exhibés et toute la symbolique du martyre, chère à l'imagerie pieuse, de nous prendre pour de dangereux pervers. Considérer une manifestation culturelle sans les clés qui ouvrent les portes de ses représentations est une entreprise à risque.

17 Le rap est-il misogyne ?

Si l'un des moyens d'évaluer la misogynie d'une pratique consiste à y comparer le taux respectif d'acteurs des deux sexes, le rap paraîtrait plutôt misogyne... mais nettement moins toutefois que le rock ou la musique classique. Si les personnalités féminines sont rares dans le hip-hop, il n'est pas non plus aisé de citer à brûle-pourpoint un groupe de rock féminin, et plus ardu encore de donner le nom d'une compositrice, voire d'une chef d'orchestre. On pourrait refaire l'estimation en prenant la peinture, l'architecture ou la pratique de la pétanque, etc. ; il est probable que l'on parviendrait à des proportions similaires Notons simplement qu'outre quelques rappeuses de premier plan qui déjà comptent dans l'histoire du mouvement, c'est à une femme, Sylvia Robinson, que l'on doit – avec *Rappers Delight* – d'avoir produit le premier succès de l'histoire du rap.

Puisque le critère du nombre ne met pas en évidence une misogynie plus élevée que dans la plupart des autres secteurs de l'activité humaine, c'est donc aux attitudes affectées à l'égard des femmes dans le hip-hop et au contenu des textes de rap qu'il convient de se reporter. On observe d'emblée une différence entre rap américain et rap français.

Dans la culture afro-américaine, le dénigrement symbolique de la femme est une contrepartie à la position d'autorité qu'elle exerce souvent à l'intérieur de la cellule familiale et à l'exigence sociale qui est faite à l'homme noir – que les Blancs du Sud appellent systématiquement « mon garçon » – de renoncer à la manifestation des attributs de sa virilité. La misogynie symbolique est en l'occurrence le pendant d'une castration sociale bien réelle. Notons de surcroît que l'obscénité qui semble s'exacerber dans le rap américain n'est, une fois de plus, que la résurgence d'une tradition littéraire fortement ancrée dans la culture afro-américaine et largement partagée par les représentants des deux sexes. Cette tradition qui, depuis les premiers collecteurs de blues, a tout simplement été artificiellement gommée, refait explicitement surface avec le rap [3]. Le rappeur Ice T. s'étonne, par exemple, que le parler obscène des Afro-Américains le *shit talkin'*, soit condamné par les mouvements féministes : « Le *shit talkin'*, ça fait pas chier les femmes du ghetto, parce que la fille du ghetto a toujours une réponse pour tout ce que je lui balance. Elle répond à nos conneries par des "va te faire foutre Ice". C'est tout, elles ne nous répondent pas t'es sexiste » (cité dans Postchardt, 2002, p. 199). Loin d'un mépris pour les femmes, le *shit talkin'* invite les deux sexes à communiquer sur un pied d'égalité ; que ce terrain d'échange soit éloigné de notre conception des convenances est une autre affaire. Il y a au demeurant, dans ce sens urbain des convenances que l'on appelle galanterie, une bonne dose de sexisme implicite, une condescendance que j'aurais tendance à trouver plus intolérable que la teneur explicite de certains propos.

La question est plus épineuse lorsque l'on considère le rap français. En effet, de ce côté-ci de l'Atlantique, les rappeurs ne peuvent invoquer l'excuse d'avoir à compenser symboliquement un déficit social de virilité. On remarque du reste que, d'une façon générale, non seulement le rap français fait peu de cas des morceaux de bravoure explicitement obscènes que l'en rencontre dans le rap américain de 2 Live Crew à Snoop Doggy Dog et, de façon tout aussi abrupte, chez des représentantes de la *bitch atti-*

tude comme Foxy Brown, Lil' Kim ou Khia – mais encore que, dans les textes, la femme et le sexe ne sont finalement pas aussi présents qu'on pourrait le croire. Même le célèbre *Ma Benz* des NTM, qui à sa manière modernise la célèbre scène du fiacre de *Madame Bovary* – en décrivant les péripéties d'une copulation à l'arrière d'une voiture de la luxueuse marque bavaroise – reste finalement plus métaphorique qu'explicite et, somme toute, plutôt réussi dans sa mise en scène poétique de la jouissance. Joey Starr y fait même état d'un trouble face à la féminité où l'on sent poindre l'aveu d'une relative fragilité :

> Tu es ma mire, je suis la flèche que ton entrejambe attire
> Amour de loufiat, on vivra en eaux troubles, toi et moi
> Mais ce soir faut qu'ça brille, faut qu'on enquille, j'veux du freestyle
> J'veux que tu réveilles, tu stimules mon côté bestial
> « Pump » baby, monte sur mon Seine-Saint-Denis fonk
> J'te le f'rai façon j'te cueille, y a que ça qui me rend joke
> À ton contact, je deviens liquide,
> Liquide.
> (Album *Suprême NTM*, Sony, 1998)

Après un premier vers dont la prosodie n'est pas sans rappeler Serge Gainsbourg, on notera comment, de façon assez subtile, le MC déplace le vocabulaire de la musique à celui de l'acte sexuel : « j'veux du freestyle [...] / "Pump" baby, monte sur mon Seine-Saint-Denis fonk », objectivement la formule est même, pour qui sait l'entendre, une trouvaille lyrique, digne des meilleurs textes érotiques. Paradoxalement, ce n'est donc pas dans ce genre de rap que s'embusque la misogynie des rappeurs. En dépit de leur crudité affichée, du renvoi assumé des pulsions à la sphère de l'animalité (« J'veux que tu réveilles, tu stimules mon côté bestial »), les NTM échappent largement au reproche de misogynie. À la consommation bourgeoise de l'adultère dans une ville de province, décrite avec ironie par Flaubert, les NTM opposent une lubricité de lascars de banlieue, plus débridée, mais moins grinçante, et, à tout prendre, nettement moins misogyne. Si, dans le roman de Flaubert, Rodolphe méprise ouvertement la proie nigaude qui s'offre à lui, on ne saurait l'affirmer des narrateurs de *Ma Benz*.

Ce qui, dans le rap français, demeure éminemment misogyne, c'est que, si la prédation masculine du désir s'y trouve mise en valeur, le désir féminin y est encore trop souvent abordé de façon négative, voire hostile. Les femmes qui se laissent porter par leurs pulsions physiques y sont immanquablement traitées de salopes, de pétasses – ou en verlan de « taspé » – de putes, et j'en passe. Mais, pire encore, celle qui se refuse au désir de l'homme se voit souvent soumise au même traitement machiste et dégradant. Le rap n'est, en l'occurrence, que le reflet de l'idéologie propre au milieu socioculturel qui génère ses acteurs.

À quelques exceptions notables près, le rap français renvoie donc violemment – et, sur le fond, de façon extrêmement conventionnelle – la femme au rôle social auquel une communauté fondée sur la domination mâle souhaiterait la voir se cantonner. Ce qui est plus curieux, c'est que quelques rappeuses semblent, à certains égards, entrer dans ce moule patriarcal. Ainsi, dans son album *Brut de femme* – qui sur plus d'un point critique avec vigueur le machisme et fustige la violence faite aux femmes –, Diam's se montre particulièrement sévère pour ses consœurs qui, comme dirait Brassens, « font l'amour par plaisir », blâmant « ces traînées qui ont perdu leur virginité sans aimer » (Diam's, *Cruelle à vie*, album *Brut de femme*, 2003), comme si la manifestation du désir féminin sans projet amoureux – et, à terme, conjugal et maternel – était en soi un indice de dégénérescence morale, voire ontologique.

Même si le conventionnalisme sexiste, aggravé dans le rap par la crudité du ton, n'est pas propre au hip-hop – il fleurit en effet sous la plume de nos meilleurs auteurs – il demeure pour le moins regrettable. Rappeurs – rappeuses –, encore un effort si vous voulez être révolutionnaires !

Certains s'y emploient, comme en témoigne cet extrait d'*Elles* signé D', MC du groupe Kabal :

> J'en ai assez ! D'entendre le mâle prétentieux disserter sur les pratiques sexuelles de mes sœurs, c'en est assez ! Il dit qu'elle ne se respecte pas, et il croit que lui se respecte en la salissant de la sorte. Tu fais fausse route quand tu te comportes ainsi. [...] Si je veux la briser c'est que je nie la part d'elle qui est en moi dissimulée. (Paroles publiées dans *De pote à pote*, *Le journal des quartiers*, n° 2, avril 2000)

IV

MUSIQUE

« C'est du son qui coule dans mes veines
En Bpm »

OXMO PUCCINO

Musique d'abord ?

« Le rap est un genre musical » : c'est par cette constatation lapidaire que débute l'un des tout premiers ouvrages en français consacrés au rap (Lapassade et Rousselot, 1990). Rappeler ce fait n'est pas inutile. Même les commentateurs les plus favorables à cette forme d'expression ont en effet tendance à privilégier les textes et considèrent souvent comme secondaire l'apport du rap à la musique. C'est oublier, comme y insiste Ulf Postchardt, que « les débuts du hip-hop sont une affaire de musique et pas tellement de colère » (Postchardt, 2000, p. 188). Avant même de se laisser entendre comme une « fureur de dire », le rap atteste d'une frénésie à faire jaillir les sons, d'une volonté d'investir le monde par le sonore, avec la danse pour corollaire. Les mots n'ont en l'occurrence d'intérêt que s'ils sont posés sur un beat, les récits n'ont de sens que dans la mesure où les textes sont capables de faire ouïr leur musique intime, les paroles proférées n'ont de valeur que si elles sont portées par le rythme d'un flow sans faille. Le rap est donc *d'abord* un fait musical ; il faut garder cet axiome constamment présent à l'esprit si l'on veut entendre quelque chose au rap. Or, pour beaucoup, reconnaître la valeur musicale du rap ne va pas forcément de soi.

19 *Quelle est la part du bruit ?*

Avec le rap, on assiste à la disparition des unités formatrices qui permettent au musicologue ou au mélomane de faire la différence entre l'univers inextricable de ce que les psychologues de l'audition appellent les « mixtures sonores », où les bruits se superposent de façon hasardeuse, et celui de l'organisation intentionnelle des sons où commence le règne de la musique. La note, l'accord ou la mesure ont cessé de jouer, pour les rappeurs, le rôle architectonique qu'ils ont pour les musiciens traditionnels. En conséquence, des repères essentiels comme la tonalité, la ligne mélodique ou la structure harmonique, ne peuvent plus être utilisés pour dégager la cohérence musicale de ce qui se joue.

Les rappeurs ont en outre une méthode totalement empirique pour élaborer la matière sonore ; ils ne revendiquent du reste pas l'appellation de « compositeurs », mais se disent plutôt « producteurs » de leurs univers sonores, renouant au passage avec l'étymologie du mot « poésie ». En grec la *poïêsis* désigne en effet tout ce qui concerne la production, la fabrication, l'artefact. Alors que le compositeur occidental se plaît à discipliner le sonore par l'écriture, les rappeurs prennent un furieux plaisir à extraire des bruits de musiques déjà composées ou à insérer dans leurs morceaux les bruissements du monde extérieur. Le scandale est de taille, car il implique l'invasion du monde réel – ce que Hegel appelait « la prose du monde » – au sein même de l'activité musicale et artistique. Rien à voir, en l'occurrence, avec le projet esthétique de la musique concrète initiée par Pierre Schaeffer. Le compositeur de musique concrète s'ingénie en effet à dissimuler la nature mondaine des bruits qu'il prélève ici ou là ; le travail musical consiste donc à collecter des bruits pour les transformer en sons, bien malin qui peut dire à l'audition d'une pièce de musique concrète quel objet résonne dans ce qui s'offre à l'oreille. Il y a chez Pierre Schaeffer une volonté explicite de réduire – au sens husserlien du terme – l'objet concret à sa seule dimension sonore : « l'objet n'est objet *que* de notre écoute, il est relatif à elle » (Pierre Schaeffer, 1966, p. 95) ; le sonore se veut donc idéalité en acte. Le rappeur, au contraire, revendique le bruit en tant que tel, c'est-à-dire en tant qu'émanation sensible des objets mis en résonance. À ce titre, tous les producteurs de rap peuvent reprendre à leur compte le slogan du groupe Public Enemy : *Bring the noise !* (album *It Takes a Nation of Millions to Hold Us back*, 1988, Def Jam). Le rappeur se veut un bruiteur dans sa pratique musicale, il tient à ce que l'on identifie sans ambiguïté les objets et les situations mis à contribution dans ses panoramas sonores où prévaut la mimésis. Coups de feu, sonneries de téléphone et conversations, sirènes de police et cliquetis de menottes, clameurs, râles de jouissance avec grincements du sommier pour faire bonne mesure (voir par exemple Notorious Big, *#!*@Me*, plage n° 8 de l'album *Ready to Die*, BMG, 1998), disputes en tout genre, etc., viennent nous rappeler à l'ordre de leur triviale présence. D'un aller et retour de platine, d'une manipulation informatique, d'une rotation de potentiomètre, le rap balaie la distinction entre mimésis et diégésis, laborieusement mise en place par la philosophie, et renoue avec une origine de l'art au nom de laquelle, précisément, Platon chassait les artistes de sa cité idéale (*République*, III, 398 a-b, et X, 607 e-608 a). Animés d'une jubilation sans partage, les rappeurs font, à leur manière, revenir « les hennissements des chevaux, les mugissements des taureaux, le murmure des rivières et tous les bruits du même genre » (*République*, 396 b) dans le giron d'une poésie en acte – dont Platon pensait avoir prononcé l'exclusion définitive – et restituent sans le savoir (?) au vieil Homère tout ce dont l'auteur de la *République* prétendait le déposséder. Nous avons juste changé de cadre.

Le niveau sonore auquel les rappeurs nous délivrent leurs messages parachève le travail. *Bring the noise !*, en d'autres termes, « Vive le bruit » !

Quel usage le rap fait-il du rythme ?

Comme c'est le cas pour l'ensemble des musiques d'origine afro-américaine, le rythme occupe une place centrale dans le rap, au point que tous les autres éléments mis en œuvre lui sont en fait subordonnés. On peut même affirmer que, d'une façon ou d'une autre, les rappeurs tendent à convertir en arguments rythmiques tous les autres ingrédients (mélodies, textes, articulations, timbres, harmonies, bruitages, scratches, effets sonores divers, etc.) qu'ils incorporent à leurs morceaux : « Par définition, il ne s'agit non pas de la mise en musique d'un texte, mais d'une certaine manière de la mise en voix et en texte d'un rythme » (Rubin, 2004). Devant l'impératif du rythme, les autres paramètres s'effacent, et si l'on a pu parler de « mélodie de timbres » (*Klangfarbenmelodie*) pour décrire certains passages des œuvres d'Arnold Schoenberg et des compositeurs de la seconde école de Vienne, il ne serait pas abusif d'invoquer l'idée d'une « mélodie de rythmes » à propos du rap.

À la première écoute, on a souvent l'impression qu'un rap est exclusivement construit à partir d'une pulsation mécanique, car dans notre façon occidentale d'entendre la musique, le rythme est une donnée unilatérale que l'on peut isoler de la mélodie et noter séparément ; même le jazz dut faire en la matière quelques concessions et donner un statut particulier à la section rythmique. Instinctivement, de par nos habitudes d'écoute, nous choisissons donc un point de repère facilement discernable, par exemple les quatre temps de la mesure auxquels nous sommes familiers, alors que c'est de l'ensemble du morceau que sourd le rythme qui ne s'attache pas nécessairement à l'unité de la mesure. Les DJ ont, du reste, pris l'habitude de distinguer ce rythme de base régulier, lié à la mesure, ou beat, des autres composantes rythmiques qui se développent à l'intérieur de la musique, ou rythme proprement dit : « Il est important de bien comprendre la différence entre un rythme et un beat. Un rythme peut se composer des sons assemblés selon n'importe quel motif, pas forcément régulier, tandis qu'un beat est une pulsation uniforme – une pulsation constante comme un tic-tac ou un battement de cœur » (Broughton et

Brewster, 2003, p. 101). Or, outre le fait que ce rythme de base présente souvent quelques altérations sensibles au cours du morceau (ruptures ou suspensions, accélérations), cette cellule rythmique initiale – qui est souvent construite à partir d'un échantillon mis en boucle – va servir en quelque sorte de point de fixation à une multiplicité d'autres événements rythmiques qui viendront s'y superposer et parfois s'y substituer. Ainsi, non seulement la diction du (ou des) MC fait entendre sa propre pulsation rythmique, qui est rarement celle du noyau de base, mais on s'aperçoit que viennent se greffer de multiples événements sonores que le rap se plaît à faire cohabiter et qui ont chacun leur pulsation propre dont on peut suivre la progression à l'intérieur du morceau. De même que l'on a pu qualifier d'hétérophonie l'imbrication des lignes mélodiques, caractéristique du jazz Nouvelle-Orléans, il faudrait parler d'« hétérorythmie » pour évoquer l'emboîtement des rythmes tel que le pratiquent les rappeurs. Plus encore que dans le jazz, la conception rythmique des rappeurs semble de nature à la fois contrapuntique et responsoriale. Le rythme d'un morceau procède donc de l'imbrication de multiples lignes rythmiques qui se superposent, s'appellent et se répondent, en d'autres termes qui s'harmonisent sur fond de beat régulier, et dont le subtil échange peut à tout moment se voir perturbé par des événements singuliers : explosions, bruitages divers, scratches, suspensions silencieuses, séquences parlées prélevées ici ou là, etc. Sous la continuité fédératrice du beat qui confère au morceau son unité, le rythme reste pensé en termes de ruptures de breaks et de superposition de riddims.

Du fait de sa genèse machinale, beaucoup, se focalisant sur le seul beat, reprochent au rap sa rigidité rythmique ; pourtant cette approche de la pulsation laisse à l'auditeur une grande liberté d'écoute : il est en effet possible de privilégier mentalement une ligne rythmique – par exemple la progression d'un motif (riddim) par rapport aux autres – et de construire son écoute personnelle à partir de ce détail. D'une certaine manière, l'auditeur insuffle son propre beat à ce qu'il entend. Cette personnalisation de l'écoute trouve son écho parmi les danseurs. Alors que la musique techno vise explicitement à uniformiser les mouvements des danseurs sur la piste, on est toujours surpris de l'interprétation gestuelle extrêmement personnalisée que les membres d'un groupe de breakers sont simultanément capables de donner d'un même morceau de rap. Chacun en fonction de sa sensibilité, de son humeur, de ses compétences techniques et de ses aptitudes physiques, etc., incorpore de manière différente la texture rythmique et la retranscrit par le geste. La musique sérieuse occidentale, qui relègue le rythme au second plan, s'est toujours plus ou moins méfiée de la danse : le corps des danseurs rappelle de manière trop prégnante les valeurs terrestres au musicien qui revendique l'impalpable pureté des sons pour mieux s'approcher du céleste. Comme toute la musique afro-américaine – et sans doute africaine – le hip-hop, ancré dans la substance du rythme, procède d'une symbiose de la danse et de la musique ; pour le rappeur, toute musique s'enracine dans le beat parce que toute intention musicale procède de sollicitations éminemment corporelles. Installer le rythme au centre de toute préoccupation musicale, c'est toujours une façon d'assumer un lien indissociable entre la musique et le corps. En outre, comme le souligne Paul Zumthor (1983, p. 165), dans la mesure où « le rythme *est* sens, intraduisible en langue par d'autre moyens », il assume et complète, dans sa complexité, la part de signification que la parole ne peut acheminer ; éventuellement, le rythme oppose sa propre signification à celle manifestée par le discours en une tension créatrice.

21. Qu'est-ce que le « djaying » ?

Ce coup d'État du bruit s'est accompli sans instruments de musique, et c'est à l'ingéniosité et au savoir-faire des DJ (disc-jockeys) qu'on le doit. L'existence de professionnels qui passent des disques est aussi vieille que l'invention de la radio, et la pratique s'est peu à peu affinée au fil des années, mais le métier a pris son essor lorsque, dans les années cinquante, la qualité du microsillon a permis à de nombreuses boîtes de danse de renoncer aux services d'orchestres trop coûteux ; désormais un simple passeur de disques pouvait, à lui seul, animer les soirées à moindres frais. Dans sa passionnante *DJ culture*, Ulf Postchardt retrace l'histoire de la mutation du passeur de disques en musicien à part entière. Invention de DJ, le rap allait finalement accomplir la prophétie benjaminienne qui jugeait les techniques de reproduction désormais en mesure « non seulement de s'appliquer à toutes les œuvres du passé et d'en modifier, de façon très profonde les modes d'action, mais de conquérir elles-mêmes une place parmi les procédés artistiques » (Benjamin, [1939] 2000, p. 71). Il n'est pas faux d'affirmer que, émergeant de la seconde moitié du XXe siècle, « le DJ contrôle bien davantage la puissance de la musique que ne le fera jamais un musicien » (Broughton et Brewster, 2003, p. 12).

Entre le corps des danseurs et les manipulations sonores du DJ va s'instaurer une relation de possession par le bruit. Car la mise en abyme du bruit est en l'occurrence essentielle : elle conditionne l'incorporation du sonore et son expression par le mouvement : « Dans la culture afro-américaine, l'art du mouvement est étroitement lié à l'art du bruit (que ce soit en blues, en jazz ou dans le hip-hop), l'image de corps Noirs se démenant pour battre le rythme (*to beat the beat*) est aussi vieille que la mère patrie » (Havelock et Gonzales, 1991, p. 89). Pour le DJ, la danse, selon la formule de Grand Master Flash, est « l'expression de la façon dont sonne la musique » (Nelson George, 1993).

C'est donc au premier chef sur la maîtrise du *djaying* que repose le hip-hop : trois DJ légendaires en ont posé les fondements

Kool Herc.

Débarqué de sa Jamaïque natale, Kool Herc. (*alias* Clive Campbell) apporta la puissance « herculéenne » de ses *sound systems* configurés pour produire le maximum de décibels (voir question 11). Il systématisa l'habitude de perturber le flux de la musique par d'incisifs breaks instrumentaux (breakbeats) – qu'il fut le premier à savoir extraire de deux disques différents et faire se succéder dans un même mix en temps réel – et de breaks vocaux scandés en adresse aux danseurs :

Yes, yes y'all
It's the serious, serio-so jointski

You're listening to the sound sysytem :
The Herculord... culords... culords...
And I just want to say all my b-boys... boys ... boys... boys
Rock on.

Une tirade que l'on pourrait traduire ainsi :

Ouais ouais tout le monde
C'est du sérieux cette boîte
Vous écoutez mon sound system
Les Herculords... culords... culords
Et je veux seulement dire à tous mes b-boys... boys... boys... boys
Lâchez-vous.
(cité dans Postchardt, 2000, p. 170-171)

Le label « b-boys » dont Herc. crédite ici les danseurs est de son cru ; le mot fera date. La rupture introduite par ces breaks, instrumentaux et scandés, introduisait une nouvelle dimension du rythme qui suscitait en réponse un surcroît d'invention gestuelle de la part des danseurs.

GRAND MASTER FLASH

Étudiant impécunieux, Grand Master Flash (*alias* Joseph Saddler) ne pouvait rivaliser avec la puissance sonore du *sound system* pharaonique de Kool Herc. ; le jeune homme mit son agilité manuelle et ses compétences en électronique au service de sa créativité. Grâce à un ingénieux système de repérage apposé sur les disques, Flash fut en mesure de poser le diamant à l'endroit précis qu'il souhaitait. En faisant aller et venir le disque manuellement (*backspinning*) sous la tête de lecture, il obtenait de saisissants effets rythmiques qu'il apprit à adapter au rythme du morceau en affinant son toucher ; de la technique employée découle le nom qui la désigne : *scratching* (*to scratch* signifiant « rayer »). En enregistrant à part ces effets rythmiques, il devenait possible de les mixer à la demande ou de les faire jouer en boucle pendant toute la durée du morceau. Ajoutez à cela le bricolage qui permettait de relier un instrument utilisé par les batteurs pour s'entraîner au circuit d'amplification, ainsi était inventée la *beat box*, dont les rappeurs démunis apprirent à reproduire les effets avec la bouche : *human beat box*. (Sur les implications esthétiques du *beat boxing*, voir Béthune, 2000 et 2003, chap. 5.) Électronicien confirmé, « Flash se procura dans un magasin d'électronique "un commutateur unipolaire à double bascule" et monta ce dispositif sur son matériel » (Postchardt, 2000, p. 177). La petite pièce – initialement prévue à d'autres fins – ouvrait au DJ des possibilités nouvelles en lui permettant d'entendre dans son casque la musique du disque qui tournait sur sa seconde platine quelques secondes à l'avance, et d'insérer le fragment sélectionné à l'endroit adéquat avec une précision inégalée, puis de reprendre le cours du disque initial, puisque, par un jeu de bascule, Flash était en mesure de continuer à entendre au casque l'évolution du morceau tournant sur la première platine. L'adjonction d'un potentiomètre permettant de privilégier de façon progressive le son émis par l'une ou l'autre platine (*cross fader*) permettait en outre de répartir le son à volonté. La technique de l'échantillonnage (*sampling*) était sur pied.

En combinant savoir-faire technologique et agilité manuelle, il fut possible de combiner tous ces éléments sans solution de continuité, si bien que les danseurs étaient persuadés de n'avoir affaire qu'à un seul morceau et non à un puzzle reconstitué en temps réel par le DJ. Énoncées de la sorte, les choses paraissent simples ; Grand Master Flash reconnaît pourtant avoir mis trois longues années avant de maîtriser la technique et de rendre le dispositif opérationnel (George, 1993). C'est avec le morceau *Adventures of Grandmaster Flash on the Wheels of Steel*, en 1981, que retentira tout le savoir-faire de notre DJ, réussissant à mixer en temps réel une douzaine de disques différents pour produire une œuvre entièrement inédite : pas moins de quinze prises seront toutefois nécessaires pour fixer cet exploit. L'informatique simplifiera progressivement les choses.

AFRICA BAMBAATAA

DJ de talent lui aussi, Bambaataa a toujours impressionné ses pairs par l'étendue de sa culture musicale, associée à une sûreté d'oreille peu commune. Il est de notoriété publique que les autres DJ s'efforçaient de le suivre dans les officines des disquaires afin de s'inspirer de ses choix musicaux à la surprenante efficacité. Pour déjouer la concurrence, il arrivait à Bambaataa de sélectionner ouvertement des disques « bidons » dont il se débarrassait dans une poubelle une fois passé le coin de la rue. C'est à son esprit d'ouverture que l'on doit la jonction du hip-hop et de la musique technologique occidentale. Avec maestria, Bambaataa introduisit le synthétiseur et la boîte à rythme électronique Roland 808 et bâtit son *Planet Rock* (1982) [1] autour d'un échantillon prélevé de *Trans-Europ Express*, un morceau du groupe allemand Kraftwerk dont il a toujours été le sincère admirateur.

Africa Bambaataa est à juste titre considéré comme le fédérateur du mouvement hip-hop auquel il insuffla une âme en fondant la Zulu Nation (voir questions 43, 45). Il y a chez Bambaataa une conception radicalement révolutionnaire de la fête. Dans la parousie dionysiaque du rythme et du bruit, l'être oublie son ressentiment et abandonne ses pulsions négatives, la fête pacifie les consciences et unit les volontés, qui peuvent dès lors envisager d'œuvrer en vue d'un but commun. Dans le fameux slogan « *Peace unity... and fun* » c'est le *fun* qui se veut le moteur de l'action politique ; c'est le plaisir partagé dans la fête qui conditionne la paix, l'unité et toutes les valeurs positives dont se réclame la Zulu Nation (voir annexe, art. 15). Il y a chez l'homme créateur un « devoir de joie », Nietzsche l'avait affirmé en son temps. Il peut y avoir dans l'hédonisme une part d'ascèse humaniste – ne serait-ce que parce que le rire est le propre de l'homme. C'est ce qu'ont tendance à oublier ceux qui fustigent l'invasion du plaisir dans les formes contemporaines de l'expression poétique, pour mieux les rejeter dans les poubelles d'une idéologie consumériste. Que certains, parmi le public, ou les créateurs eux-mêmes, fassent des contresens à ce sujet, on peut sans doute l'accorder, mais le risque de confusion est d'autant plus grand que précisément la philosophie renonce à prendre en charge la dimension esthétique de ces formes d'expression, laissant le champ libre à la bêtise intéressée des marchands du Temple.

En faisant du *fun* un élément crucial de l'action poétique, Bambaataa a su donner à l'art du *djaying* sa profondeur philosophique. L'approche festive n'est du reste pas incompatible avec le pessimisme de la lucidité, cette « blessure la plus proche du soleil » (René Char). Une fois que la fête a réuni les esprits et délié les consciences, le rappeur peut nous délivrer son… message, qui prend parfois une dimension quasi oraculaire. Avec *The Message* précisément, Grand Master Flash troque l'exubérance dionysiaque du DJ contre la gravité apollinienne du MC. Apollon, ne l'oublions pas, est d'abord le dieu des maladies et des calamités, c'est à lui que les Achéens en partance pour Ilion sacrifient Iphigénie afin de conjurer l'épidémie de peste qui décime leurs rangs.

22. Qu'est-ce qu'un échantillon ?

À peu près à l'époque où le hip-hop se mettait en place, un philosophe américain de renom proposait de son côté une théorie de l'échantillon. Pour Nelson Goodman, l'échantillon est de nature symbolique dans la mesure où il *fait référence à* l'objet qu'il échantillonne (sur la théorie goodmanienne de l'échantillon, voir Goodman, [1968] 1990, p. 86-98, et [1978] 1992). Si l'échantillonnage est une opération symbolique, il ne peut donc s'agir – comme on l'a dit – d'un pur plagiat, mais d'une expression codée en soi. Échantillonner c'est donner à voir – ou en l'occurrence à entendre – sur un autre plan une (ou plusieurs) qualité(s) que, pour diverses raisons, l'objet échantillonné n'est pas actuellement en mesure de faire valoir. Reconnaître les qualités que symbolise un échantillon est donc d'abord une affaire de code, de règle, de syntaxe. Ainsi dans un catalogue, nous le savons implicitement, un échantillon de tissu renvoie à la texture et à la couleur, non à la dimension et à la forme : ignorer cette particularité expose à de sévères déconvenues. À l'inverse, le vêtement exposé en vitrine renvoie à la forme, mais pas nécessairement à la couleur ; souvent, du reste, un panneau disposé près du modèle exposé prend soin de préciser « nombreux coloris disponibles » pour dissiper l'équivoque. Il y a en conséquence fort à parier que, si un fragment échantillonné de James Brown ou de George Clinton renvoie l'auditeur au rythme, ce sera pas le cas d'un fragment de discours emprunté à George Bush ou d'un dialogue issu d'une série télévisée. Il y a donc dans le rap tout une grammaire de l'échantillon dont seule une écoute attentive est susceptible de nous livrer les clés. Pour parler la langue de Wittgenstein, nous dirions que la pratique de l'échantillonnage instaure un « jeu de langage » dont les rappeurs nous incitent à découvrir la règle. Naturellement, la nature des liens symboliques qui unissent l'échantillon à son objet est beaucoup plus complexe dans la démarche poétique des rappeurs que dans les stratégies marchandes des commerçants. À l'instar de la série schoenbergienne qui peut se voir transposée, renversée, exposée symétriquement, etc., l'échantillon peut subir une grande quantité de transformations et entretenir avec son objet de référence une infinité de décalages. Or, par ces mutations, c'est toute une palette expressive qui s'installe et dont les nuances se chevauchent : humour, dérision, effroi, indignation, hommage, gravité, adhésion ou rejet, insolence ou respect, plaisir ou peine, etc. Bien qu'emprunté à d'autres, l'échantillon appartient donc en propre à la créativité du rappeur et fait partie de son univers personnel ; comme dans toute pratique poétique, la qualité de l'échantillon tient non pas aux vertus de l'objet sollicité, mais à l'habileté et à la sensibilité avec lesquelles le créateur use de son matériau.

Mais la pratique du sampling va encore plus loin : non seulement elle renvoie aux objets sélectionnés, mais elle nous présente un échantillonnage des univers culturels où ses objets sont prélevés. Le rap américain est ainsi une fabuleuse mise en perspective de l'ensemble de la culture afro-américaine et rend manifestes des traits signifiants que la chambre d'écho médiatique aurait voulu étouffer, ce qu'elle avait jusqu'alors à peu près réussi à faire. Pour les rappeurs français également, l'échantillonnage a été une occasion inespérée de mettre en œuvre de façon positive une culture – baptisée par eux culture de rue, mais qui est en plus bien autre chose (voir question 7) – que précisément leur déniaient les institutions de la République.

On a volontiers décrit l'échantillonnage comme une forme de recyclage de la matière sonore : l'analogie est tentante à plus d'un titre, mais elle souffre pourtant d'un handicap. Dans la pratique du recyclage, l'objet recyclé, en changeant de fonction, abandonne sa nature initiale, comme c'est par exemple le cas lorsque je récupère une vieille bouteille pour fabriquer une lampe[2]. Le recyclage implique toujours une appropriation plus ou moins autoritaire de l'objet recyclé. Dans la mesure où les rappeurs travaillent sur un matériau indéfiniment reproductible, la pratique du sample ouvre une perspective sur l'œuvre utilisée davantage qu'elle ne la recycle au strict sens du terme. James Brown, d'abord hostile aux pratiques massives d'échantillonnage dont son œuvre était l'objet, s'est vite aperçu que certains de ses titres moins connus entamaient une nouvelle carrière précisément pour avoir servi de pâture aux DJ. Il m'est souvent arrivé de me procurer un album simplement pour y retrouver un sample entendu au détour d'un rap et de découvrir une œuvre. Il y a dans la pratique du sampling une manière de rappel à l'ordre : tantôt les rappeurs nous semblent nous avertir : « Attention vous êtes passés à côté d'un chef-d'œuvre ignoré ! », en d'autres occasions, ils nous signalent qu'il est possible de trouver de l'or dans le dépotoir de l'*entertainement*, comme Leibniz affirme en trouver sur le fumier scolastique, parfois ils nous proposent d'écouter d'une autre manière ce que nous croyons parfaitement connaître. Ainsi, les opus du « Jazzmatazz » de Guru m'ont parfois ouvert des panoramas insoupçonnés sur des morceaux de jazz que je croyais bien connaître. On ne peut donc pas à proprement parler de « recyclage », comme l'affirme une certaine interprétation postmoderne du phénomène hip-hop, puisqu'en dépit du sample – et souvent grâce à lui – l'œuvre initiale continue de mener son existence propre. Contrairement à la façon dont procède la tradition savante occidentale, qui annexe et réifie ce qu'elle emprunte, les emprunts dont se nourrit la tradition afro-américaine laissent intacts leurs objets de référence, une différence essentielle de fonctionnement clairement repéré par Alexandre Pierrepont : « De leur côté, les musiques que le champ jazzistique a utilisées dans ses élaborations successives ont été repensées sans jamais être annexées. Elles ont continué leur existence en toute indépendance, contrairement à l'authentique tradition occidentale qui procède par appropriation et conversion et s'adjuge tout ce qu'elle *loue* » (Pierrepont, 2002, p. 120, souligné dans le texte). Certes, les rappeurs se plaisent à altérer, voire à malmener le matériau qu'ils empruntent en lui faisant subir de nombreuses manipulations, mais ils instrumentent leur objet sans le réifier. En effet, ces façons iconoclastes d'user des œuvres se situent dans un espace de *jeu* qui nous convie finalement à rencontrer l'original. Les rappeurs, que l'on compare souvent à des vandales, ne détruisent pas les œuvres dont ils prélèvent les fragments, ils mettent plutôt en lumière les multiples facettes de leur nature et ouvrent sur elles des perspectives inédites en la faisant précisément… jouer.

Seuls les marchands et les grincheux peuvent éventuellement y trouver à redire.

23 Une musique orale ?

Curieusement, il semble que ce soit davantage sous son aspect musical que par le biais des paroles scandées – presque toujours en étroit rapport avec une écriture – que le rap assume le retour de l'oralité. La pratique musicale des rappeurs partage en effet de nombreux traits communs avec les formes d'expression caractéristiques des cultures orales : sollicitations constantes d'une mémoire commune par le truchement de citations et de références et par l'utilisation de formules standardisée ; interactions constantes avec l'assistance dans le fil de la prestation ; recours à des évocations mimétiques de la réalité extérieure – si décriées par notre culture savante – et qui donnent à la musique une dimension contextuelle ; mise à contribution du corps et sollicitation de toute une palette synesthésique. Enfin, la musique rap n'échappe pas à la mise en scène de relations agonistiques, trait récurrent des cultures orales : à l'instar des MC qui s'affrontent en paroles, les DJ rivalisent en musique. Finalement, le rap joue sur une panoplie dramatique qui n'est sans doute pas très différente de celle qui est mise à contribution dans le cadre de l'*épos* homérique.

Il s'agit en l'occurrence d'une oralité un peu particulière, d'abord parce que les rappeurs pratiquent assidûment l'écriture et font souvent référence à l'écrit (voir question 31). En outre, même si leurs constructions sonores se passent de l'écriture notationnelle, propre à notre musique savante, les architectes du son rédigent volontiers leurs directives sur des feuillets, voire des cahiers entiers. La grande différence, pourtant, avec les pratiques graphiques de la culture lettrée, c'est que ces lignes rédigées ont une finalité purement ancillaire – leur usage est comparable à ces cales que l'artisan fait disparaître une fois le travail achevé – et ne sont pas considérées par les rappeurs comme faisant partie de l'œuvre proprement dite. C'est la performance accomplie qui, en rap, s'impose comme la seule preuve de l'existence de l'œuvre. Dans notre musique sérieuse, au contraire, l'écriture peut à la limite se passer d'une éventuelle exécution ; pour certains musicologues comme Adorno, la lecture silencieuse tend même à remplacer idéalement une écoute devenue facultative. Gageons que les cahiers de consignes noircis par le groupe Public Enemy pour la construction sonore de l'album *It Takes a Nation of Millions to Hold us Back* sont passés à la corbeille une fois le son enregistré.

C'est une oralité particulière également dans la mesure où, sans utiliser la notation proprement dite, les DJ sollicitent un grand nombre de traces, d'inscriptions : les disques vinyle, les bandes magnétiques, les CD ou les mémoires électroniques, qu'ils mettent à contribution dans les diverses phases de l'élaboration et de la diffusion sonore de leurs œuvres, sont autant de supports, de phono*grammes*. Là où, en situation d'oralité première, le poète ou le musicien ne peut compter que sur les ressources limitées de sa seule mémoire, le rappeur fait appel à sa discothèque, qui n'est autre qu'une bibliothèque sonore. Désormais impliquée dans le réseau d'une toile électronique de dimension universelle, cette discothèque prend potentiellement des allures de « bibliothèque de Babel ».

Or si, dans le hip-hop, la création musicale demeure pourtant de l'ordre de l'oralité, c'est que, tout en usant de la trace et de la reproduction sonores, les rappeurs se réapproprient des procédures poïétiques que l'on considérait comme de simples moyens chargés de pallier les déficiences de la mémoire dans les cultures orales. Ainsi, là où ce que Jack Goody (1979) appelle notre « raison graphique » privilégie la vision [3], à l'exclusion de tous les autres sens, le rap, comme toutes les expressions de la tradition orale, convoque, par-delà la simple audition, l'entière panoplie de nos sensations. Non seulement les sensations périphériques de nos cinq sens avérés, mais aussi toutes les nuances de notre sensibilité proprioceptive, mémoire posturale endogène, inscrite au plus profond de notre corps. C'est au nom de la maîtrise du logos sur la *phonê*, de l'esprit sur le corps, que Platon prônait l'exclusion de l'oralité mimétique de l'expression humaine ; ce sont précisément ces valeurs, bannies par l'esthétique, que les rappeurs installent de nouveau au centre de l'activité poétique. Mais, dans la mesure où elle procède d'un second niveau, cette mise à contribution de l'oralité par la culture hip-hop ne constitue pas une exclusive. En effet, les rappeurs n'ont pas pour autant renoncé à développer une poétique de l'écrit. Cette cohabitation reste gouvernée par le sonore dans toute son épaisseur matérielle, et consacre le primat d'un axe « audiotactile » au détriment d'une conception philosophique qui, dans la culture scripturale, idéalise la vision et la sépare du corps pour en abstraire le sens. Là où l'écriture réalise le vœu secret de débarrasser la signification du support de la voix (le logos de la *phônê*), le rap revendique la cohabitation de l'écrit et du sonore comme manifestations complémentaires du sens même ; le bruit (de la voix, de la musique) n'est plus simple support du sens, il signifie en tant que tel (voir question 32).

24 *La musique rap est-elle standardisée ?*

Un des reproches que l'on entend le plus souvent concernant la musique de rap, c'est celui de la standardisation et du stéréotype de ses contenus. Ce sont toujours les « mêmes » lignes de basse qui semblent mises à contribution par les rappeurs, les « mêmes » ponctuations rythmiques, les « mêmes » accroches mélodiques, etc. Cette critique s'enracine dans un présupposé tenace en esthétique : en matière d'expression artistique, la création, incompatible avec l'esprit d'imitation, devrait exclure toute forme de stéréotype ou de lieu commun : « Tout le monde s'accorde à reconnaître que le génie est totalement opposé à *l'esprit d'imitation.* » Dès lors, le génie se définit « par opposition, à celui qui ne pouvant faire plus qu'apprendre et imiter s'appelle un *niais* » (Kant, *Critique de la faculté de juger*, § 47). Ce reproche de standardisation, Adorno l'adressait en son temps au jazz (Béthune, 2003, p. 35-38). Or, cette mise à l'index du stéréotype, ce rejet du lieu commun hors de la sphère de l'œuvre, n'a pas toujours eu cours. La condamnation des stéréotypes est organiquement liée à la prise de pouvoir de la « raison graphique » dans le champ de la pensée et de l'expression humaines ; le soupçon généralisé de plagiat est devenu constitutif du surmoi de l'auteur. Seule, en effet, l'originalité déployée par une œuvre unique en son genre témoigne de l'au(c)torité de son créateur. Cette mise en valeur de l'auteur en fonction de l'innovation qu'apporte son œuvre, remarque Werner Jaeger, n'a pas toujours été de mise : « Les Grecs furent toujours enclins à admirer non seulement l'homme qui inventait une formule nouvelle, mais aussi et peut-être davantage, celui qui la menait à la perfection. En fait, ils considéraient que dans l'art l'originalité la plus grande réside non pas dans la première tentative, mais dans l'exécution parfaite » (Jaeger, [1935] 1964, p. 315). Plus radical encore, dès la fin des années vingt, Milman Parry a soutenu en Sorbonne une thèse sur l'épithète homérique qui fit scandale. L'auteur y affirmait que non seulement l'épopée homérique se caractérisait par la mise en œuvre d'un style formulaire, mais que ce mode de construction du récit était induit par des exigences métriques et rythmiques, c'est-à-dire musicales – n'oublions pas que l'*Iliade* et l'*Odyssée* sont découpées en chants –, conséquence d'une forme d'expression orale (Parry, 1928).

Comme le feront les DJ à quelque deux mille huit cents ans d'écart, les aèdes ont appris à récupérer tout un stock de formules immédiatement disponibles qu'ils utilisaient comme autant de pièces prêtes à l'emploi d'un « Lego » poétique :

> Pour créer une diction qui s'adaptât aux exigences de la versification, les aèdes trouvaient et conservaient des expressions qui, pouvant servir telles quelles ou avec un léger changement à différentes phrases, tombaient à des places fixes dans le vers. Ces expressions ont des mesures différentes selon les idées qu'elles doivent exprimer c'est-à-dire selon la nature des mots nécessaires à l'expression de ces idées. (Parry, 1928, p. 10-11)

Pour le poète épique comme pour le DJ hip-hop, le lieu commun est d'abord un lieu de rencontre et de partage où s'abolit la frontière entre l'artiste et son public. Le DJ est celui qui sait solliciter avec humour, intelligence et sensibilité une culture musicale commune, où chacun se reconnaît et se projette. Au même titre que l'aède homérique se réclame de la muse (c'est-à-dire de la culture commune) qui parle par sa bouche, le DJ ne fait œuvre que dans la mesure où il cristallise une mémoire partagée et répond à une attente de son public. L'art d'un grand DJ consiste précisément à ravir et à surprendre l'assistance avec ce qu'elle connaît le mieux. Outre une grande sûreté d'oreille, il lui faut avoir acquis une culture musicale étendue, mais aussi une impressionnante habileté à manipuler les platines pour accomplir cette fin. À l'instar de l'aède homérique, le DJ n'invente rien, mais improvise tout. En effet, contrairement à ce que l'on voudrait croire, improviser n'est pas créer *ex nihilo* une œuvre radicalement nouvelle. Installé dans le sillon d'une mémoire commune, l'improvisateur ne se pose pas la question de savoir s'il doit faire du neuf, il ignore en fait le « fardeau de la modernité » (Cavell, 1969). L'acte d'improvisation n'est pas une entreprise qui consisterait à créer de toutes pièces une œuvre inédite, c'est une manière de conférer aux pièces usagées qui constituent l'œuvre – et dont nul n'ignore le fonctionnement – une efficacité inattendue. Nous touchons probablement le point où le rap se trouve au plus près du jazz, cet art de surprendre avec des formules ressassées. Que l'on se souvienne de l'éloge sans réserve que Miles Davis décernait au batteur de la *Blue March* : « Blakey, ça fait 50 ans qu'il joue la même chose et on a l'impression qu'il vient juste de l'inventer ! » Il y a bien chez les DJ cette faculté de nous confondre avec de vieux clichés issus du rythm 'n blues ou des lignes de basses funk que l'on croyait usées… jusqu'à la corde.

V

SCANSION

> « La parole que projette vers l'auditeur la voix scandée ou chantée agresse ou pacifie, sépare ou médiatise.
>
> PAUL ZUMTHOR

> « En tant qu'expansion du corps, la voix recueille ainsi la trace du désir et les intentions du passé. À la fois émise et ouïe, elle fonctionne comme un miroir de la subjectivité. »
>
> GIORGIO RIMONDI

Quelle différence entre rap et chanson ?

Le rap, c'est donc d'abord de la musique ; ce sont aussi des paroles. Pourtant, à l'évidence, un rap n'est pas une chanson. Même si le rap conserve souvent des traits formels familiers de la chanson, comme la rime (ou l'assonance) en fin de vers, ou encore l'alternance refrain-couplet, on pourrait penser qu'à plus d'un titre les rappeurs ont construit leur esthétique *contre* celle de la chanson. Dans une chanson, la phrase verbale épouse la phrase musicale, la voix du chanteur et la ligne d'accompagnement instrumental s'inscrivent à l'intérieur d'une unité mélodique et rythmique, et toutes deux convergent vers un même but ; le texte et la musique semblent y respirer d'une même haleine : « La chanson n'est autre qu'une œuvre réalisée par qui compose avec art des paroles harmonisées par une modulation » (Dante, *De vulgari eloquentia*, II, VIII, 6-7). Avec le rap au contraire, le musical et le verbal entretiennent, la plupart du temps, des relations de tension rythmique, d'opposition sonore, de sorte que leurs relations respectives apparaissent davantage comme de l'ordre de la confrontation – voire de la contamination, ou même de la perturbation – que de la coopération. Le MC refuse en général de plier sa diction aux injonctions du musical, ou plutôt il revendique pour la scansion de sa parole une musicalité propre, autonome par rapport au contexte « instrumental » qu'il n'est désormais guère possible d'appeler un *accompagnement* musical. En se parasitant mutuellement, parole et musique donnent l'impression de collaborer à produire du bruit. Plus encore que le vocabulaire ou les tournures langagières propres au parler des cités, cette rivalité entretenue du texte et de la musique rend souvent les paroles des raps difficiles – voire impossibles – à saisir, du moins à la première écoute. Même au niveau intime de l'organisation de ses éléments constitutifs, le rap, semble donc, une fois de plus, faire prévaloir des relations agonistiques.

Naturellement, tous les raps n'atteignent pas ce niveau extrême de parasitage entre la musique et le discours ; dans de nombreux cas, la tension entretenue induit au contraire un contraste qui – pour peu que l'on se donne la peine d'une écoute attentive – fait ressortir chaque plan poétique (plan musical et plan verbal) avec une intensité accrue, et confère à l'ensemble une force expressive d'une redoutable efficacité. On peut prendre la mesure de ce phénomène lorsque les rappeurs interprètent des chansons connues, comme c'est le cas dans le double album intitulé *L'Hip-hopée* (Blackdoor Records, 2000). L'effet de cette tension entre le texte et la musique est particulièrement sensible dans la façon dont Diam's interprète *Saïd et Mohamed* : la rappeuse donne à la chanson de Francis Cabrel une dimension percutante qui en décuple la force signifiante, au point qu'à la première écoute on a spontanément tendance à croire qu'elle en modifie les paroles, et pourtant le texte original est intégralement conservé. Tandis que Cabrel articule son texte en fonction des accentuations de la phrase musicale, avec notamment un allongement cadentiel des syllabes, Diams scande ce même texte selon un principe opposé qui tend à raccourcir les vagues accentuelles des fins de phrases. En outre, non seulement la rappeuse, libérée de la ligne mélodique, accélère sensiblement le débit (environ 25 % plus rapide que celui de Cabrel) – ce qui a pour effet de resserrer le texte et confère au propos une urgence accrue –, mais elle introduit de nombreuses coupes qui brisent l'unité des vers (par exemple, le vers « C'est le ciel en tôle ondulée pour toujours » devient, chez Diam's, « C'est le ciel en tôle on-/dulée pour tou-/jours »). Cette désarticulation du texte confère au propos un aspect à la fois saccadé et explosif qui martèle les mots et en accroît la force expressive. Dans sa manière de phraser, Diam's tourne délibérément le dos aux conventions qui, dans la chanson, régissent les rapports habituels de la parole et de la mélodie ; ce travail de rupture dégage un sens caché du texte et le désembourgeoise. Débarrassée de son fond de condescendance inavouée, la chanson de Cabrel prend soudain une tournure subversive, assumant une fonction cathartique qu'on ne lui soupçonnait pas.

Qu'est-ce que le flow ?

C'est donc par sa seule technique de vocalisation du texte, la façon dont elle « pose les mots » – son flow – que Diam's dévoile un contenu de vérité que la chanson de Cabrel ne révélait pas au premier abord, ou plus vraisemblablement que la rappeuse invente, dans l'instant de sa diction, une vérité au texte de Cabrel et se l'approprie.

Vertu séminale du rap, le flow, qui désigne la qualité du phrasé, fait entrer en ligne de compte des facteurs de cadence verbale, des jeux de timbre, des contrastes de hauteur, des effets d'attaque et de vibrato, ainsi que d'impondérables éléments phoniques qui donnent tout son grain à la voix. Le flow confère à la *phônê* une dimension signifiante qui porte au-delà du code sémantique à l'intérieur duquel les mots figurent. C'est par le truchement du flow qu'un texte poétique devient poésie en acte ; en effet, si méticuleusement écrit soit-il, tant qu'un rap n'a pas été scandé, son existence demeure virtuelle. Cet impératif de la performance est un des éléments par lesquels le rap se différencie de la tradition scripturale, quelle que soit, au demeurant, l'étroitesse des liens qui unissent le hip-hop à la culture écrite. Si, comme l'affirme Raymond Queneau, « la poésie doit au moins être faite pour être récitée », l'éventuelle récitation d'un poème reste d'ordre accidentel par rapport à l'œuvre – même s'il s'agit d'un accident souhaitable. La scansion d'un rap participe au contraire de son être. Cet événement n'est donc jamais une récitation pure et simple ; dans l'immédiateté de son flow, le MC accomplit un travail de création à part entière, à chaque nouvelle scansion le rap est réinventé dans l'élan de la voix. Certes toute interprétation – d'un poème, d'une sonate, ou d'une pièce de théâtre – est aussi une façon de réinventer l'œuvre, mais le travail s'accomplit en l'occurrence au nom d'un être préalable, le texte rédigé, dont il s'agit à chaque fois de restituer au mieux l'essence déjà présente par un travail d'interprétation. Par son flow en revanche, le MC n'interprète rien, il invente le rap au fil de la diction, peu importe qu'un texte rédigé préexiste à la scansion.

Enfin, le flow se veut le moyen par lequel le sujet manifeste sa présence et affirme son identité. Alors que le moi de l'acteur est censé s'effacer derrière le texte qu'il sert, se résorber sous l'écriture de l'œuvre, c'est sans doute par la qualité de son flow que le rappeur affirme sa position irréductible de sujet par rapport au texte qu'il scande : « Le rythme et l'usage fait de la voix, constituant une signature orale propre à l'individu et reconnaissable dans ses variantes, permettent au rappeur d'imposer sa subjectivité et de se constituer une identité » (Rubin, 1999).

Les mots mâchés comme autant de pommes de terre chaudes dans la bouche d'Oxmo Puccino n'ont pas la même saveur que les syllabes fortement voisées de Joey Starr, ni que l'agressivité traînante des phrases déroulées avec une apparente décontraction par Doc Gynéco ou encore que la façon dont Akhénaton fait rebondir contre la trame musicale des syllabes découpées au scalpel, celle dont Booba aboie les strophes avec des grasseyements d'arrière-gorge ou dont Ali – son complice de Lunatic – exhale impérieusement les siennes… Si le rappeur se fait porte-parole et prétend souvent *représenter* au-delà de sa personne (ses proches, son quartier, voire un continent tout entier, etc.), la voix du MC, travaillée par le flow est ce qui le représente, lui, en tant que sujet de la parole qui s'énonce.

 Quels problèmes spécifiques la scansion en français pose-t-elle aux rappeurs ?

Cette prévalence du flow nous incite à penser que le principal apport poétique des rappeurs qui ont choisi de s'exprimer en français est moins d'ordre syntaxique ou lexical que de nature essentiellement phonétique et prosodique. C'est en s'efforçant d'adapter au rythme propre, aux sonorités et aux accents de la langue française, un mode d'expression afro-américain lié à l'usage de l'anglais, que les rappeurs français ont fait œuvre vraiment originale.

Pour les Afro-Américains, le flow est une donnée culturelle de base. Aux États-Unis en effet, les membres de la communauté noire ont cultivé une longue pratique des jeux de parole : s'interpeller et se répondre en travaillant l'émission de la voix, en jouant sur le timbre, les rythmes, les hauteurs, les accents et les assonances, etc., est non seulement un des fondements de la culture afro-américaine mais aussi un moteur du lien social entre membres de la communauté. La qualité de l'émission des paroles participe directement de leur sens ; la précision du contrôle vocal détermine le statut du locuteur dans le jeu social. Refuser, en revanche, de s'engager dans ce mode d'échange symbolique est unanimement considéré comme une manifestation de dédain, voire d'hostilité : la véhémence, l'agression verbale, jusqu'à l'insulte la plus ordurière sont des modes d'adresse créateurs de liens sociaux que le silence, toujours considéré comme une attitude humainement négative, vient remettre en cause.

Sur ce terrain, le français semble partir avec un sérieux handicap : notre société fait peu de cas de ceux qui parlent haut, et, depuis Rousseau, c'est même une idée ancrée dans les esprits que notre langue aurait quelque peine à se faire entendre. Vouée à l'atmosphère feutrée des salons où se fomente l'intrigue et des cabinets où s'ourdit le pouvoir, le français ne serait pas apte aux prestations publiques, aux sermons, aux proclamations ; l'absence de résonance et de couleur attribuée à notre langue serait même la marque de la résignation politique du peuple qui l'utilise pour s'exprimer : « Il y a des langues favorables à la liberté ; ce sont les langues sonores, prosodiques, harmonieuses dont on distingue le discours de fort loin. Les nôtres sont faites pour le bourdonnement des divans. Nos prédicateurs se tourmentent, se mettent en sueur dans les temples, sans qu'on sache rien de ce qu'ils ont dit » (J.-J. Rousseau, *Essai sur l'origine des langues*). Quiconque a eu l'occasion d'écouter Joey Starr, ne serait-ce que quelques secondes, sait que, dans la bouche du MC, la langue française est susceptible de résonner en public, et peut légitimement douter de la résignation de son porte-parole à subir l'injustice !

Cette réputation du français, considéré comme une langue monocorde, tient aux particularités des règles d'accentuation propres à notre langue. En effet, l'anglais est une langue à accentuation de mots : une fois le mot intégré dans la phrase, les questions d'accentuation tombent, puisque chaque mot choisi par le locuteur est porteur de son propre accent, et cela quelle que soit sa place dans l'ordre du discours. En français, la situation est sensiblement différente : en effet, ce n'est pas le mot en lui-même, mais la place de celui-ci au sein de la phrase qui détermine l'accent dont il sera porteur. Très sommairement, la règle veut que la phrase française s'organise en groupes rythmiques et que ce soient les syllabes de fin de groupes qui portent les accentuations : [demain après-mi**di**] [je prendrai le **train**]. Alors que l'anglais donne l'impression de jouer continuellement sur l'opposition des accents forts et des accents faibles, le français offre une lente progression vers la finale accentuée qui, à première écoute, peut sembler monotone. Or, le fait que le rap soit une musique accentuée sur le temps c'est-à-dire sur les temps impairs – typiquement 1 et 3 dans une mesure à quatre temps – pose un problème rythmique pour qui veut user de la langue de Molière : la position finale de l'accent situe en effet celui-ci plus naturellement en position de contre-temps ou de temps faible (*after beat*), tandis que, en anglais, la quasi-totalité des mots sont accentués sur la première syllabe ; dans ce cas de figure, il se révèle relativement facile de faire coïncider le flux accentuel de la langue avec les impératifs de l'accentuation musicale.

Autre problème : alors que le même mot anglais rendra toujours le même effet accentuel et rythmique chaque fois qu'il sera prononcé, en français la fonction rythmique du mot se modifiera selon la place occupée au sein de la phrase. Dans la mesure où rapper n'est pas chanter (voir question 25), et où l'articulation de la parole ne peut pas, comme c'est le cas dans la chanson, accepter de se plier purement et simplement aux exigences de la ligne mélodique, les rappeurs doivent constamment gérer cette mobilité accentuelle sous peine de commettre des fautes de flow, c'est-à-dire de perdre la pulsation propre du discours, de sacrifier l'intensité rythmique de la parole sans laquelle le rap n'a plus de sens.

 Quelles solutions les rappeurs français ont-ils mis en œuvre ?

L'originalité des rappeurs français aura été de transposer la poétique de la parole propre au hip-hop américain pour l'adapter à la langue qu'ils ont choisi d'utiliser. Et il s'agit bien en l'occurrence d'un choix, car certains MC sont capables de rapper dans une autre langue : notamment en anglais, en arabe, voire en espagnol ou en italien. Dans la mesure où la scansion caractérise le sujet dans son individualité, il est difficile d'envisager des solutions globales qui permettraient de caractériser le rap dans son ensemble. Chaque rappeur, selon sa façon de poser les mots, mais aussi selon l'effet visé, trouve des solutions propres. D'autre part, ces solutions mêlent de façon complexe prosodie, phonostylistique, phonétique et musique, et se caractérisent par des variations infinitésimales difficiles à appréhender.

Une solution souvent retenue consiste à opposer un accent oratoire de début de groupe rythmique autorisé par la rhétorique – et donc positionné sur le premier temps de la mesure – à l'accent rythmique normal de fin de période. Le contraste sera d'autant plus marqué que l'accent rhétorique porte plutôt sur des consonnes (ou des coups de glotte lorsque le mot commence par une voyelle) et prend de ce fait une tournure explosive alors que l'accent rythmique concerne plutôt des voyelles et se caractérise par un allongement. Cette façon de marquer à la fois le beat et l'after beat dans la scansion confère au phrasé un effet de rebond caractéristique de nombreux raps : c'est par exemple ce que font Passi dans *www.passiweb.com* (album *Genèse*, Issap Prod., 2000), Jaeyez et Kool Shen dans le remix de *C'est arrivé près de chez toi* (album *NTM Le Clash*, Sony, 2001) et, plus chirurgical encore, Akhénaton dans *Marseille la nuit*. Ali et Booba – les deux compères de Lunatic – adoptent souvent une solution voisine, mais en séparant en outre plus nettement les syllabes entre elles par une brève suspension et en insistant davantage sur l'allongement des fins de groupes rythmiques, ce qui a pour résultat de marteler les syllabes et donne l'impression auditive d'enfoncer le clou du dernier ou même des deux derniers temps de chaque groupe rythmique comme dans une psalmodie.

De nombreux rappeurs – je pense en particulier à Kool Shen de NTM – choisissent souvent de scander en évinçant plusieurs accents habituellement attendus, ce qui permet de précipiter la cadence du débit vocal et confère au propos un effet d'accumulation qui suggère une idée d'urgence, voire d'accablement, face aux problèmes qui se multiplient comme dans le vers en forme de dicton – « nous n'avons rien à perdre car nous n'avons jamais-eu (**hou**) » (*Qu'est-ce qu'on attend*, album *Paris sous les bombes*, Sony, 1995) –, où le seul véritable accent est réservé à la toute dernière syllabe du vers que prolonge une onomatopée. Ce procédé de désaccentuation est souvent renforcé chez certains MC par une hyperaccélération du débit qui entraîne un retard de la compréhension du propos par rapport à son émission, fait inhabituel dans l'échange verbal, décalage qui place l'auditeur en position d'étranger par rapport à sa propre langue.

Ce que l'on pourrait appeler la « réduction syllabique » constitue une autre manière efficace de maîtriser l'accentuation. L'expression orale a spontanément tendance à réduire la taille des mots employés en les abrégeant ou en les tronquant. Dans le flux de la parole, il est en effet à la fois plus commode, et plus efficace sur le plan rythmique, d'utiliser des monosyllabes ou des bisyllabes que de gérer des termes plus longs, où l'accent rythmique se fait par trop attendre. En effet, si l'on utilise des mots brefs, pratiquement chaque syllabe devient légitimement susceptible de porter un accent rhétorique, au gré du locuteur, en contrepoint de l'accent normal. Comme dans ce vers, scandé par Sako des Chiens de Paille, extrait du rap *Maudits soient les yeux fermés* (bande originale du film *Taxi*, compilation *De Paris à Marseille II*) : « Mais qu'est ce qu'tu veux qu'je dise d'autr' que ce que j'suis », où l'alternance des occlusives qui explosent (*k, t, d*) et des sifflantes qui se prolongent (*s, v, j*) induit un contraste acoustique particulièrement efficace et permet d'assurer un contrôle affiné du rythme de la scansion.

Dans de nombreux cas, cette réduction drastique du nombre des syllabes de chaque mot permet également de les détacher les unes des autres en les séparant par un bref silence – quart ou huitième de soupir – entre les temps (*off beat*), ce qui augmente sensiblement l'effet de martèlement et permet de maîtriser avec une souplesse accrue l'accentuation du contretemps. Il serait en revanche beaucoup plus difficile de justifier phonétiquement une accentuation ou une coupure au beau milieu d'un vocable de quatre ou cinq syllabes. Ce genre d'effet particulièrement massif ne peut être répété sans s'affaiblir et nuire à l'organisation générale du flow. Lorsqu'ils utilisent des mots relativement longs, les rappeurs en avalent volontiers les syllabes pour poser un effet de précipitation rythmique, ou encore, placés en fin de phrase musicale, ces mots plus allongés permettent de conclure par une sorte de cadence articulatoire : « Il ne revit sa ville qu'à travers les barreaux / Et mourut seul avec sa dernière dose d'héro / Il n'y eu personne pour pleurer **lors de l'enterrement** » (IAM, *Sachet blanc*, album *Ombre et lumière*, 1994). Enrichi par les quatre syllabes du mot « l'enterrement » le groupe « lors de l'enterrement » est perçu comme une conclusion et confère au tercet son unité syntaxique en assumant la fonction musicale d'une cadence.

Afin de raccourcir le nombre de syllabes, les MC font un usage généreux de la troncation : aphérèse, apocope et syncope prolifèrent chez les rappeurs [1]. Du fait de l'usage du verlan (voir question suivante), il n'est du reste pas toujours facile de savoir si la troncation correspond à une aphérèse du mot ou à une apocope de sa forme « verlanisée ». La syllabe « tass », par exemple, peut aussi bien être l'aphérèse du mot « (pé)tasse » que l'apocope du verlan « tass(e)-(pé) ». La distinction n'est pas gratuite car, selon la façon dont le texte original aura été pensé, la distribution des syncopes (musicales) ne sera pas identique à l'intérieur du groupe rythmique.

Nous ne venons de passer en revue qu'un petit nombre des solutions articulatoires mises en œuvre par les rappeurs pour adapter le phrasé du rap à la langue française, afin de donner une idée du travail accompli, mais la palette de nuances apparaît comme quasi infinie à qui se donne la peine d'une écoute attentive. Pour des raisons internes à la culture occidentale, les artistes ont toujours plus ou moins travaillé les yeux fixés sur un horizon théorique : la perspective pour les peintres, le solfège pour les musiciens, la versification pour les poètes, etc., constituent autant de cadres formels prédéfinis, dans lesquels les artistes doivent inscrire leur pratique. Et, s'ils veulent transgresser ces cadres établis, les créateurs se font un devoir de justifier théoriquement cette infraction au code poétique en vigueur. On sait par exemple, qu'Arnold Schoenberg s'est senti obligé de consacrer une bonne partie de son énergie et son temps à rédiger des « traités ardus » (Revault d'Allonnes, 1991) pour asseoir théoriquement sa musique. Pragmatiques dans leur approche, les rappeurs, DJ ou MC, considèrent d'abord le résultat qu'ils souhaitent obtenir, et leur façon d'atteindre leur but reste foncièrement empirique. Dans la mesure où la maîtrise du flow est plus corporelle que cérébrale, les rappeurs œuvrent un peu comme des sportifs de la parole. Pour s'adapter aux situations en temps réel, les gestes techniques, dans les pratiques sportives, exigent des prises de décisions qui mettent à contribution un grand nombre de facteurs. Ces décisions s'apparentent à des jugements – le philosophe Michael Dummett parlerait de « protopensées » (Dummett, 1988) –, mais elles se passent de verbalisation, échappant de ce fait à la théorie. Un grand sportif est rarement à même d'expliquer la façon dont il s'y est pris pour réaliser un coup exceptionnel dans le fil de la performance. Ce n'est pas le moindre paradoxe – ni le moindre intérêt – du rap d'importer cette façon non verbale de procéder au sein d'une pratique qui précisément concerne le langage. Que l'art, et la faculté de juger, puissent partiellement quitter la sphère exclusive de l'esprit pour prendre pied dans l'univers du corps constitue pour beaucoup une perspective redoutée.

À quoi sert le verlan ?

Contrairement à ce que l'on serait *a priori* tenté de croire, les rappeurs font un usage plutôt modéré du verlan. La fréquence d'emploi de cette manipulation langagière par les MC n'a en tout cas rien à voir avec un usage systématique tel qu'on peut le trouver dans les parlures de certains jeunes des cités. On pourra par exemple comparer sur l'album *Suprême NTM* l'échange verbal non rappé de l'interlude qui précède *Ma Benz* et le rap proprement dit. Quand il ne procède pas du simple émaillage, cet usage du verlan dans le rap répond le plus souvent à des besoins prosodiques bien spécifiques. Exemple : « On est encore là prêts à fout' le souk / Et tout le monde est corda » (NTM, *Back dans les back*, album *Suprême NTM*, Sony, 1998). Selon les règles standard de prononciation, non seulement l'accent devrait porter sur la dernière syllabe, « d'accor », ce qui ferait porter l'accent sur le contretemps, mais il est pratiquement impossible d'affecter un accent rhétorique à la première syllabe « d'ac ». Or, en inversant l'ordre des syllabes, le verlan conserve l'accent sur la syllabe « cor », qui n'est plus la dernière mais la pénultième. En déplaçant l'accent, cette jonglerie verbale permet de recaler le flow sur le temps.

Ce simple procédé se révèle très efficace d'un point de vue rythmique, car ce recentrage de la mesure sur le temps s'accomplit sans tomber dans le mélodisme qui risquerait de transformer le rap en simple comptine. L'accent rythmique placé sur le « **da** » devenu final permettra en outre de maintenir l'after beat. Évincé dans la première forme de diction, l'accent sur le temps trouve sa place grâce au flottement qu'introduit le verlan dans les règles articulatoires du français.

Autre avantage du verlan, il permet la reconsidération du *e* caduc (ou *e* muet), toujours embarrassante en prosodie française. En effet, tantôt le verlan permet de faire disparaître l'*e* muet : « pèr(e) » devient « rep », plus sec et plus explosif, plus maniable aussi sur le plan rythmique ; tantôt il permet au contraire de le renforcer en ajoutant une syllabe : « père » devient alors « re-pè », « frèr(e) » devient « re-frè » ; cette augmentation d'une syllabe peut se révéler précieuse sur le plan métrique. Cette solution laisse en outre le locuteur très libre sur le plan de l'accentuation, et donc de l'usage rythmique du mot.

Ces considérations ne concernent pas, ou peu, les rappeurs de la zone méridionale – qui du reste n'utilisent le verlan que de manière exceptionnelle. En effet, le parler méridional accentue volontiers la première syllabe des mots et le début des groupes rythmiques, ce qui n'exige donc pas la même gestion du flux accentuel.

Quel pouvoir pour la parole ?

La parole est un lieu symbolique susceptible de conférer du pouvoir à celui qui, à l'origine, en est démuni. C'est sur cet axiome que semble construite l'ensemble de la culture afro-américaine. Les contes d'oncle Remus, que l'on narre aux enfants, et dans lesquels les animaux les plus faibles prennent l'ascendant sur leurs prédateurs naturels grâce à leur bagou, les toasts pour adultes qui brodent *ad libitum* sur les provocations du Signifying Monkey (le singe semeur de zizanie), ou du soutier Shine, embarqué sur le *Titanic*, et font du maître des mots un maître du monde, jusqu'aux récits qui mettent en scène les héros négatifs de la brute (*bully*), du maquereau (*pimp*) ou du gangster (*gangsta*), ont tous pour point commun de faire passer le pouvoir des individus par le crible des mots qu'ils prononcent. Sans le prestige que confère l'usage de la parole au locuteur, ni la force physique, ni la chance, ni même la ruse ou la richesse ne permettraient à l'individu de tirer son épingle du jeu social. Sous couvert d'aventures, toutes plus hautes en couleur les unes que les autres, ces fables nous ressassent cette vérité : l'homme ne dispose en définitive que de sa parole pour exister en tant que sujet.

Il n'est guère étonnant, dans ces conditions, que la force illocutoire des mots qu'ils prononcent soit considérée par les rappeurs comme l'arme suprême dans leur lutte pour la vie : « J'utilise ma bouche comme un gun avec des cartouches » (Sléo Feat Benji, *Buffalo Soldiat* (*sic*), compilation *Planète rap II*), ou, plus militaire : « Le sniper rimeur d'élite, commando tel est ma section » (Sniper, *Sniper processus*, album *Du rire aux larmes*, Desh Music, 2001). On pourrait multiplier les exemples à l'infini, et tout rappeur pourrait y aller de sa métaphore pugilistique ou armurière ; la plupart ne s'en privent pas. Le MC peut tout perdre, s'il lui reste encore la parole, son pouvoir demeure intact. Parler, c'est toujours agir de façon décisive ; c'est pourquoi il convient d'apporter le plus grand soin à l'élaboration des énoncés que l'on formule. Mal posés, les mots perdent leur vigueur et laissent le sujet à découvert. Une faute de flow, une faiblesse dans la rime, un flottement dans le style peuvent se révéler fatals ; ce sont des erreurs aussi catastrophiques que de baisser sa garde lors d'un affrontement, d'oublier de recharger son arme dans le feu d'un combat ou de la laisser s'enrayer par négligence. On ne manquera pas d'invoquer une origine éminemment phallique, sous-jacente à cette conception de l'échange verbal que métaphorisent, dans le propos des rappeurs, les distributions de horions, toutes les espèces d'armes blanches ou à feu, voire, plus efficacement encore, l'envoi de missiles ou le largage de bombes : « Comme un uzi j'crache la mort, j'accuse, arrache la muselière cache, / j'mâche plus mes mots je lâche des bombes à chaque fois » (Arsenik, *Je boxe avec les mots*, album *Quelques gouttes suffisent*).

Une perspective qui explique en partie la difficulté qu'éprouvent les femmes à se faire admettre autrement que comme simples comparses dans le milieu hip-hop ; voire la franche hostilité que la gent féminine suscite parfois chez les plus obtus, et qui se manifeste dès qu'une femme prétend imposer son talent de MC (voir question 17). Mais vilipender le seul hip-hop au nom de cette assimilation phallique de la parole serait toutefois faire preuve d'une partialité abusive : cette conception n'est pas l'apanage des seuls rappeurs, on la trouve déjà pleinement à l'œuvre chez les héros achéens comme chez les princes troyens. Au moment de la généralisation de l'écriture en Grèce, l'acte d'écrire a pris le relais phallique de la parole, destituant en partie celle-ci de sa virilité ; lire un texte à haute voix fut assimilé à un acte de sodomie perpétré par le scripteur sur le lecteur : « Celui qui écrit l'inscription enculera [*pugixei*] le lecteur », proclame l'inscription d'une kylix de Sicile, datant de 500 av. J.-C. [2].

Or, si le rap est une parole, c'est aussi une écriture. Dans la mesure où l'écriture joue un rôle déterminant, il est important, pour le MC qui scande un rap, de ne pas se « laisser niquer par le texte » s'il veut conserver la maîtrise de la cérémonie de la parole.

VI

ÉCRITURE

« Je pose du verbe sur un papier
Compose des textes et les scande, oui
ma langue est déliée. »

IAM

« J'ai le coup de stylo mystique. »

ARSENIK

31

Quelle place l'écriture tient-elle dans le rap ?

Souvent qualifié de culture orale, le hip-hop réserve toutefois une place importante à l'écriture : si les rappeurs glorifient avec ostentation leurs exploits accomplis derrière le micro, ils n'hésitent pas non plus à rappeler leur maîtrise du stylo : « Au stylo distille avec style, au micro la rage dans les blocs » (Arsenik, *Quelques gouttes suffisent*).

On a largement glosé sur les armes exhibées par l'imagerie hip-hop, on a moins évoqué la volonté récurrente des rappeurs de faire explicitement figurer les attributs de l'écriture sur les photos qui illustrent leurs albums, ni leur insistance à revendiquer l'acte de rédiger dans l'intitulé de leurs œuvres – morceaux isolés ou albums entiers [1] – comme au fil de leur propos célébrant les turbulentes épousailles de la plume et du bitume : « J'écris ma famille ces rues infâmes ces âmes qu'on éventre, j'écris mon texte et le rap comme un ventre crie famine, j'me fais du mauvais sang, le mal se profile et ma plume saigne des lyrix hémophiles » (Arsenik, *Putain de poésie*, album « Quelque chose a survécu »). Bref : « Je t'résume je suis l'bitume avec une plume » (Booba, *Le Bitume avec une plume*, album *Temps mort*, 2002). Les rappeurs français ont souvent conscience que cette part de l'écriture dans leurs productions se rattache à une tradition littéraire dont ils restent malgré tout les héritiers. En effet, même si, pour Joey Starr, « moins c'est littéraire mieux c'est », le MC admet également qu'« il y a une tradition française de l'écrit à laquelle on n'a pas échappé » (entretien accordé à l'hebdomadaire *Télérama*, n° 2724, 27 mars 2002). Le microphone (*mike*) est, par excellence, l'arme du rappeur, mais la page vierge constitue son terrain de manœuvre : « Un mike est une arme et la feuille blanche un terrain », scande Faouzi Tarkhani (*Un mike est une arme*, album *Guerrier pour la paix*, Polydor, 1999).

En fait, la scansion publique du rap et sa gestation privée par l'écriture s'inscrivent sur deux plans distincts, voire conflictuels, dont le rap assume les tensions. En effet, tandis que, dans l'urgence de la prestation, la vocalisation du texte correspond au moment glorieux où, dans un élan de rivalité agonistique, le rappeur s'affirme et pose son moi hypertrophié, en même temps que sa voix, face au public et aux MC concurrents, l'écriture, en revanche, coïncide avec un mouvement d'introspection, de retrait – voire de retraite – par lequel le sujet fait retour sur lui-même, met sa personne à nu et se questionne sans indulgence. Il incombe alors à l'acte solitaire d'écriture de rédimer le sujet défaillant : « j'suis seul avec ma plume [...] Ça me bousille le crâne alors j'ai choisi de l'écrire. / Quand tout crame, décrire ce qui s'trame, détruire mon moi infâme » (Arsenik, *Paradis assassiné*). Ou bien : « Mon seul lien avec les miens reste l'écriture, une délivrance / Elle me libère de mes délires denses » (Les Chiens de Paille, *Maudits soient les yeux fermés*).

Chez les rappeurs, l'écriture se donne souvent comme un ultime recours ; c'est pourquoi l'acte d'écrire voisine volontiers avec l'idée de la mort : « Content que la mort me sélectionne, des recueils j'confectionne / Des malheurs j'collectionne, punition pour ma personne / Mais parfois j'me questionne, devant un stylo, une feuille j'me d'mande » (113, *L'âge du meurtre*), et prend facilement une dimension testamentaire : « Sur cette feuille blanche je laisse glisser mon stylo / Si seulement tu savais que là j'écris mes derniers mots » (Manu Key, *Derniers mots*).

Face aux autres, dans le flux de la parole, le sujet met son ego en représentation et donne libre cours à ses pulsions narcissiques qu'il fait exploser en bouffées fanfaronnes (voir question 14). Devant la feuille blanche en revanche, l'individu aux prises avec l'écriture demeure face à lui-même et renonce à tout exhibitionnisme. Dans l'intimité de l'écriture, le rappeur se fait humble, il reconnaît ses faiblesses et avoue son impuissance. Si le flow doit être sans faille, adamantin, l'écriture peut être le lieu où le sujet capitule devant l'hostilité du réel ; l'écriture cristallise alors la fatalité de l'échec :

> Souvent, je lutte au plus haut degré :
> J'planche pour écrire un sourire, mais ma plume flanche...
> Feuille blanche étanche aux choses gaies
> C'est étrange, c'est pas que je veux pas, mais j'peux pas.
> (Les Chiens de Paille, *Maudits soient les yeux fermés*)

Si la prestation au micro apparaît comme le moment jubilatoire où le MC, exposé en pleine lumière, vérifie l'efficacité phallique de son flow et revendique – micro-arme au poing – sa domination sur le monde extérieur, l'écriture est pour lui un moment crépusculaire et secret, une phase d'ascèse solitaire indispensable à l'élaboration de son art. Période sacralisée, quasi rituelle, qui occupe une bonne partie de l'existence du rappeur : « Compose texte après texte pendant mon éveil et mes songes / Écriture sacrée comme le Gange et ses crues » (Lunatic, *Civilisé*, album *Mauvais Œil*, 45 Scientific, 2000), l'écriture est un moment laborieux, mais inéluctable : « inévitable comme la femme et ses menstrues » (Lunatic, *ibid.*). Le travail de rédaction s'assimile donc pour le rappeur à un temps féminin de gestation qui s'oppose au moment phallique de la scansion. On pourrait légitimement s'étonner que, en l'occurrence la période de gestation matricielle précède l'acte phallique de la fécondation : ce serait oublier qu'avec le rap toute écriture se trouve *préalablement* fécondée par la voix qui prendra le texte en charge. L'écriture n'a de sens que pour avoir rencontré la voix qui scandera les mots de son texte et déjà les propulse dans l'univers sonore. C'est là un trait que le rap partage avec le jazz (Hodeir, 1981, p. 76-93). Et c'est précisément ce qui différencie les relations entre le texte et sa vocalisation au moment de la naissance de la culture écrite dans la Grèce ancienne et dans la culture hip-hop. Tandis que le scripteur antique sodomise par procrastination son futur lecteur (voir question 30), le MC « nique » de son micro le texte qu'il scande pour accoucher le sens de sa « putain de poésie » : « J'floque les mots comme j'floque les nymphos quand elles agitent leur paréo sous l'préau » (Karkan, *Je floque les mots*, compilation *Planète rap II*).

Entendu à l'aune de cette interprétation, le scabreux surnom Doc Gynéco contient peut-être davantage de subtilité qu'il n'y paraît au premier abord. Notre MC aurait-il pu choisir de s'appeler Diotime ?

32

Quels rapports l'écriture entretient-elle avec la danse ?

La qualité d'écriture des rappeurs n'a pas toujours bonne presse : « La construction syntaxique et sémantique de leurs textes est pauvre, souvent erronée, parfois difficile à comprendre », remarque sévèrement Maryse Souchard (2003), qui n'envisage pas une seconde d'attribuer la difficulté à comprendre les paroles de certains raps à une éventuelle incompétence du lecteur ou de l'auditeur. Or, souvent, les rappeurs utilisent de façon délibérée une langue cryptée où abondent les acronymes, les mots déformés par divers procédés, des tournures importées de l'argot des cités, de l'arabe, des parlers gitans ou des langues africaines, et parsèment leurs textes de termes techniques issus de l'industrie du son, du commerce des armes ou de la drogue, du monde judiciaire et carcéral. Un registre lexical que compliquent encore les métaphores inattendues, les énoncés implicites, les télescopages sémantiques, etc. Les rappeurs se plaisent à faire affleurer dans leurs textes une expression accessible aux seuls initiés : « les vrais savent ». Par un retournement ironique de compétence, les représentants de la culture hip-hop toisent ceux qui ne font pas l'effort de pénétrer un univers culturel qu'ils revendiquent à part entière (voir question 44). En réaction au sentiment d'infériorité éprouvé sur les bancs de l'école, du fait d'un enseignement où abondent les références à une culture dominante étrangère à leurs préoccupations, donc jugée oppressante et discriminatoire, les rappeurs mettent en scène dans leurs textes une symbolique de rupture dont l'auditeur est tenu de se procurer les clés. Une façon efficace de dénoncer la pertinence des critiques non qualifiées et de renvoyer leurs auteurs à leur propre ignorance.

En outre, si, à la seule lecture, certains textes peuvent parfois laisser perplexe, il convient de ne jamais oublier qu'avec le rap l'écriture s'accomplit toujours selon une perspective musicale : « Pour écrire, soit je prends un sample, soit je prends une ligne de basse », explique Jhonygo, rappeur français de la première heure. « Tant que je n'ai pas trouvé la ligne de basse, je ne peux pas écrire. Mais dès que je l'ai, j'entends son swing, dans la tête, tout se met en place » (cité dans Bocquet et Pierre-Adolphe, 1997, p. 165). C'est bien la vocalisation du texte qui, confrontée à une musique, ou plutôt à un rythme, détermine le geste d'écriture. On devrait donc, en principe, ne jamais parler des textes de rap sans avoir présente à l'esprit la façon dont les MC scandent leurs morceaux, ni l'architecture sonore sur laquelle les mots viennent se poser. Le rap, comme le souligne à juste titre Christophe Rubin, est une « écriture de la voix » (Rubin, 2001). Oralité de l'écriture, dimension scripturale de la voix : le sens du rap est tout entier contenu dans ce chiasme.

Que Brassens serve un texte scrupuleusement rédigé au préalable, cela ne fait de doute pour personne. Pour le profane, en revanche, le travail d'écriture d'un rap est loin de s'imposer avec évidence. Pourtant, les rappeurs revendiquent l'excellence en ce domaine et affirment apporter un soin et une vigilance extrêmes à la rédaction de leurs écrits : « Tout est étudié chaque parole est dosée, pesée / Pour renforcer, rehausser la qualité de mon phrasé », insistent les NTM dans *Je rap* (*sic*), un de leurs tout premiers morceaux enregistrés.

Pour bien comprendre la nature du travail de l'écriture chez les rappeurs, il convient de ne pas oublier ceci : « Dans tous les cas l'écriture, ou du moins la composition du texte s'attache [...] à programmer des effets vocaux, à la fois en privilégiant des sonorités, des jeux de sonorité correspondant à certains types de *mouvements* articulatoires, et en contribuant à organiser des rythmes » (Rubin, 2001). S'il est possible de produire un rythme en frappant diverses parties de son corps (*hand jive*, *juba patting*), il est également possible de le faire par l'usage de sa cavité buccale et des organes de la phonation (*human beat boxing*). Comprendre la technique d'écriture des rappeurs demande de sentir comment la langue, la glotte, la voûte palatale, la barrière dentale, mais aussi la cage thoracique, le diaphragme, les poumons, l'abdomen, etc. sont mis à contribution lorsque le texte est scandé ; et la seule façon d'y parvenir, c'est de mimer pour soi cette danse phonétique, en sollicitant le schéma corporel de son propre appareil vocal. Un type de conscience physique dont nous ne sommes pas familiers, particulièrement dans nos rapports avec l'écriture qui isole la vision du reste du corps pour mieux abstraire le sens du monde physique. Là où notre compréhension des textes exige le silence [2], le déchiffrement d'un rap se fait toujours par le truchement du sonore et la manifestation gestuelle du rythme. Dans cette perspective corporelle, un texte qui, au premier abord, peut sembler maladroit ou banal, révélera un sel inattendu. Les rappeurs sont souvent de bons danseurs, et la danse commence avec la voix d'où naît le geste d'écriture : « Mon stylo danse », clame Akhénaton (*Chaque jour*, album *Sol Invictus*). Les textes des rappeurs nous demandent de bouger avec eux.

Qu'est-ce que rimer ?

LE RAP ET LA RIME

Dans la formulation des rappeurs, « rime » est souvent une synecdoque pour désigner le « rap » dans son ensemble ; rimer, c'est rapper : « Moi je voulais la fille et pas la rime », écrit par exemple Diam's dans *Vivre sans ça* pour signifier qu'elle aurait préféré être maman plutôt que de se trouver impliquée dans le rap.

Mais les rappeurs ont une compréhension bien particulière de la façon de versifier leurs rimes. D'abord, le rap instaure volontiers une dualité du vers et de la ligne, puisque la rime n'intervient pas toujours à la fin de la ligne rédigée – comme c'est le cas en poésie et en chanson – mais se distribue souvent à l'intérieur de celle-ci. En outre, les rappeurs ne marquent pas de différence effective entre la rime *stricto sensu* et l'assonance. Dans la mesure ou l'homophonie radicalise les oppositions sémantiques (Devaux, 1997, p. 106), un jeu d'homophonie peut se révéler à la fois plus évocateur et plus percutant qu'une rime exacte. Par exemple, dans le couple homophonique « améthyste / âme est triste » (Les Chiens de Paille), la correspondance articulatoire va en fait plus loin que la simple rime. En conséquence, on ne distinguera pas rime et assonance, mais seulement assonance (homophonie portant sur les voyelles) et allitération (homophonie portant sur les consonnes).

D'une manière générale, dans le rap, l'effet de la rime se trouve à la fois renforcé et disséminé par une forte tendance à la paronomase [3] et à la multiplication des échos sonores [4]. Cumulés, utilisés jusqu'à saturation, ces procédés exigent une grande virtuosité d'articulation car, à l'émission, ils doivent paraître aussi naturels que possible. Ce jeu sonore hyperbolique instaure une dimension ludique dont la puissance jubilatoire se redouble de l'écriture à la diction.

En fait la rime, chez les rappeurs, est l'expression alphabétique du rythme oratoire. On ne s'étonnera pas si, dans leurs acrobaties prosodiques, les rappeurs retrouvent des procédés de versification en vogue chez les grands rhétoriqueurs (qui, à l'instar des rappeurs, ne distinguent pas toujours clairement la rime de l'assonance, et font grand usage de l'homophonie), procédés tombés en désuétude depuis la normalisation malherbienne. Par leurs rimes foisonnantes, les rappeurs font claquer leur langue, comme les grand rhétoriqueurs faisaient « cliquer » et « décliquer » la leur : « Contre toy fault que ma langue déclique / En rhétorique, car tu m'es trop inique » (cité dans Cerquiglini, 1997, p. 78). Aucun MC ne renierait, je le pense, ni la connotation agonistique, ni le rythme « batelé » de ce distique né sous la plume du poète Jean Molinet.

Les exemples de ce paragraphe ont été choisis, pour la plupart, dans Jean-Claude Perrier, *Le Rap français, Anthologie*, Paris La Table ronde, 2000.

1° Faire rimer le premier mot d'un vers (ou le second lorsque le premier mot est proclitique) avec le dernier mot du même vers (effet d'écho) : c'est la rime « fratrisée » des grands rhétoriqueurs :

> <u>Argot</u>, Margot, je connais les <u>ragots</u>. (Passi, *Je zappe et je mate*)
> Le <u>destin</u> exécute bien curieusement ses <u>desseins</u>. (Ménélik)

2° Faire rimer le premier mot d'un vers avec le dernier mot du vers suivant :

> J'<u>débarque</u> où le porc règne en monarque,
> Laisse des marques, <u>embarque</u>
> Un maximum de haine pour les émules de Jeanne d'Arc.
> (Arsenik, *Une saison blanche et sèche*, album *Quelques gouttes suffisent*, Label Secteur A, 1998)

Non seulement le procédé se cumule ici avec une rime « fratrisée », mais d'un point de vue métrique, le dernier vers du tercet est à peu près équivalent des deux premiers. L'opposition entre le raccourcissement rythmique des trois groupes des deux premiers vers (8-4-2) et l'allongement de l'unique groupe du troisième vers (14) produit un effet de tension et de détente particulièrement efficace.

> Fic<u>tion</u>, désillusion trop forte, sors le chichon
> La réalité tape trop dur, besoin d'éva<u>sion</u>.

À l'écho sonore, la paire fiction-évasion ajoute un écho sémantique : la fiction étant un moyen de fuir le réel. Une double concordance qui rebondit sur le terme « désillusion »

3° Faire rimer les hémistiches et les fins de vers. Sur le plan rythmique, le procédé peut alors dégager un effet de redoublement binaire s'il apparaît dans un couple de lignes. Ce sont, toutes choses égales par ailleurs, les « vers léonins » des grands rhétoriqueurs :

> J'ai vu la concubine de l'hémoglobine
> Elle aime la prolactine et les black smokin(gs).
> (MC Solaar, *La Concubine de l'hémoglobine*)

Ou, plus trivial, plus véhément, et délibérément plus approximatif dans sa syntaxe :

> Palpant mes poches puis me pressant les balloches
> Ne m'accordant aucun reproche à part le fait de passer proche.
> (NTM, *Police*)

4° Faire rimer, selon un rythme ternaire, le mot de césure et la fin du vers suivant – ou, réciproquement, la fin du vers et le mot de césure du vers suivant. Selon la terminologie des grands rhétoriqueurs, la rime devient alors « batelée » :

> Car mon père paie encore les pots cassés
> Maçon car trop bronzé, le dos fracassé.
> (KDD, *Orange M*)

Ou, de façon symétrique :

> NTM est l'impact sans aucun sens du tact
> se déjouant de toute attaque.
> (NTM, *Blanc et Noir*)

> En moi la hargne gronde quand la nuit tombe
> Une lueur d'espoir si nos rêves se confondent.
> (Mafia Trece, *Toutes peines confondues*)

On notera le parti pris qui consiste à privilégier l'assonance en fin de vers (tombe/confonde) et à conserver la rime *stricto sensu* (gronde/confondent) entre l'hémistiche du premier vers et la fin du second. En inversant les deux hémistiches du premier vers (« Quand la nuit tombe en moi la hargne gronde »), la versification devenait certes conventionnelle, mais la prosodie perdait une partie de son effet de saccades.

5° Faire rimer le dernier mot d'un vers avec le premier de l'autre ; c'est la « rime enchaînée » des grands rhétoriqueurs :

> Un maximum de haine pour les émules de Jeanne d'Arc.
> Marque le coup, assène, remarque et coups déplacés.
> (Arsenik, *Une saison blanche et sèche*)

> Des intrigues sur mes cahiers, crée l'école du tournevis
> vis en poche, hisse la bannière.
> (Arsenik, *Un monde parfait*)

> Me souvenant des échecs que j'essaie de panser
> Pensée, le mot est lâché j'connais son sens et...
> (Ménélik, *Perdu dans mes pensées*)

> La fête est finie
> Fini de rire, pire, j'ai peur pour l'avenir.
> (NTM, *Qui paiera les dégâts*)

On peut être surpris par le cumul des effets que contiennent ces deux vers : rime enchaînée, allitérations en *f* (constrictives), opposées aux allitérations en *p* (explosives) ; alternance d'assonances graves et aiguës en *ê* et en *i* ; rimes entre les groupes rythmiques à l'intérieur du vers : « rire », « pire », « avenir » ; paronomase « pire »/« peur ». L'impression de surcharge qu'engendre la lecture disparaît à l'écoute : le travail articulatoire annoncé par l'écriture peut en effet se comparer au jeu complexe d'un batteur de jazz sollicitant les multiples éléments de son instrument pour installer un rythme complexe. Ici, le rapport de l'écriture à la vocalisation s'inverse, le texte écrit n'est pas la cause de sa réalisation sonore, mais la conséquence de la volonté articulatoire du rappeur. Une fois de plus, l'heureuse expression « écriture de la voix » se confirme.

D'habiles diseurs (ou diseuses) se plaisent à entrelacer les procédés en un canevas serré ; c'est le cas, nous venons de le voir, pour Ménélik ou pour les NTM. D'autres font également preuve d'une étonnante virtuosité :

Il y a des choses indélébiles qui mutilent
Difficiles épousent ma peau comme textile
Ville hostile des ombres qui se faufilent
Mobiles.
(IAM, *Une femme seule*)

Les rimes multiples, internes aux vers, les assonances en *i* et les allitérations portant sur les consonnes occlusives explosives, comme un authentique roulement de caisse claire (*d-d-b-c-t-d-p-p-c-t-t-b*), opposées au tissu de consonnes liquides (*l*) et aux constrictives (*f, s, x*) évoquant un friselis de cymbales travaillées au balai, constituent autant de points de fixation phonétiques qui permettent de réaménager l'accentuation en fonction du rythme particulier de la scansion, tout en continuant de laisser entendre le rythme propre du français non scandé, suggéré par l'écriture.

Écoutons encore :

Freddy beau au lit mais trop con dans la vie
Donc si j'ai perdu mon r'gard de sainte
C'est qu'j'suis bel et bien tombée enceinte
Atteinte dans la crainte et sans plainte
J'ai appuyé éteinte sur la touche on expédie
Et j'ai dû affronter les : « Tu vois on t'l'avait dit. »
(Bam, *ma chanson d'A*)

Il est intéressant de remarquer que le premier mot de la « strophe » rime avec le dernier, une manière acoustique de signifier les limites diégétiques de l'anecdote.

Le procédé qui consiste, dans le rap, à faire se répondre les rimes en écho à l'intérieur du flux de la parole, en faisant éclater le cadre du vers, permet de réaménager les regroupements rythmiques et de faire cohabiter une association fondée sur les sons et une association fondée sur le sens, d'installer du même coup une dualité rythmique – et donc prosodique – au sein même du discours. On assiste, de ce fait, à une mise en perspective de la parole et de l'écriture. Davantage, sans doute, que l'argot des cités ou le verlan, c'est cette bipolarité du discours, où écriture et vocalisation entretiennent des rapports de tension, qui rend les paroles d'un rap difficiles à saisir dès la première écoute. Même si, dans le rap, du texte *dit* au texte *écrit* les mots sont bien les mêmes, les deux « textes » ne sont jamais tout à fait identiques ; en fait, chacun se perçoit en perspective de l'autre. Réciter un poème, c'est, en règle générale, procurer à l'auditeur les moyens acoustiques de retrouver l'organisation scripturale du texte. On est en revanche presque toujours étonné lorsque l'on compare *de visu* le texte rédigé d'un rap au texte scandé, perçu *de auditu*. Or, en dépit de ce conflit entre l'œil et l'oreille, la scansion du texte n'annule jamais sa rédaction : elle la brouille mais la laisse également transparaître à la manière d'un palimpseste sonore.

34 *Une nouvelle mimésis ?*

Depuis que Platon à prononcé l'exclusion de la mimésis, source puissante d'illusion, au profit de la seule diégèse (*République*, livre III, 392 d et suiv.), l'harmonie imitative et l'écriture ne font bon ménage ni en littérature, ni en musique. L'art s'efforce de fuir toute forme d'imitation. On sait pourtant que les procédés mimétiques étaient monnaie courante dans l'oralité épique, et que les aèdes étaient friands de ce genre d'effets suggestifs. L'*Iliade* et l'*Odyssée* abondent en séquences descriptives dans lesquelles la musique des mots vise à restituer l'apparence des choses et l'élan des gestes en sollicitant toute la palette de nos sensations. Dans un ouvrage confidentiel mais précieux, Ambroise Forestin montre par exemple comment, en modulant un va-et-vient accentuel du grave à l'aigu, la prosodie d'Homère s'efforce, dans un distique de l'*Iliade* (XIII, 27-28), d'imiter le guerrier dont le bras arme le lancer de son javelot (Forestin, 1990).

Ce sont des procédés du même ordre que l'on retrouve omniprésents dans le rap.

Dans l'assemblage vertigineux des allitérations et des assonances, des échos sonores, des paréchèmes (voisinage d'une même syllabe) et des paronomases, dans l'accumulation des hyperboles et des jeux de mots, dans la succession des épitrocasmes (accumulations de mots brefs et expressifs), les textes des rappeurs explosent et cliquettent, rugissent et ahanent, grincent et vrombissent, exultent et se lamentent, et semblent bruire de tous les tumultes d'un espace public en effervescence, d'une cage d'escalier squattée, d'une scène de crime, d'une piste de danse, d'un couloir de métro, d'un lieu de fornication, etc. Renforcée par la crudité manifeste du vocabulaire et soulignée par les effets sonores qu'autorisent désormais les moyens techniques, cette mimétique musicale et verbale confère aux propos tenus un réalisme à l'impact inattendu et entretient l'illusion d'une dimension testimoniale du propos. Se donnant volontiers à entendre comme autant de témoignages directement prélevés sur la réalité vécue, les textes des rappeurs organisent un nouveau réalisme – verbal et sonore – qui semble nous faire assister de l'intérieur aux événement décrits, un peu à la manière de la caméra subjective chère au « cinéma vérité ». Dans le rap en effet, les habituels indicateurs de narration dont s'entoure le récit pour signifier son statut symbolique se trouvent remplacés par des indices contextuels (coups de feu, moteurs, sirènes, sonneries de téléphone, cavalcades, claquements de portes, bribes de conversation, commentaires journalistiques, etc.) qui font écho au travail prosodique et renforcent la prégnance du « vécu ». Cette palette d'effets verbaux, de ponctuations sonores et de bruitages divers semble en outre placer l'auditeur au centre même de l'action censée se dérouler. Les préjugés s'ajoutant à l'illusion acoustique entretenue, les auditeurs occasionnels éprouvent quelques difficultés à faire la part du fictif et du réel lorsqu'ils écoutent un rap, et se retrouvent, toutes choses égales par ailleurs, dans la situation des premiers spectateurs du cinématographe qui – à ce qu'on dit – refluaient à toutes jambes vers le fond des salles obscures en voyant soudain se former sur l'écran l'image tremblotante – en noir et blanc – du train entrant en gare de La Ciotat. Conséquence probable de notre culture graphique, le fait qu'il s'agisse en l'occurrence de phénomènes auditifs rend le décodage probablement plus complexe pour les profanes ; avec les clips vidéo, par exemple, l'impression de réalisme disparaît totalement.

Pour caractériser cette nouvelle mimésis, peut-être serait-il bénéfique de sortir de l'opposition superficielle entre oral et écrit. En fait, contrairement à ce que l'on a parfois tendance à penser, la simple diction d'un texte rédigé n'est pas pour autant un passage à l'oralité. Ainsi, un sermon de Bossuet, même s'il a été entièrement agencé en vue de sa diction future, ne devient pas oral au moment où il est prononcé : le genre oratoire n'est pas en soi une forme orale. Réciproquement, même une fois consignée dans l'écriture, l'épopée homérique ne devient pas pour autant une forme scripturale. Ce qui me semble particulièrement intéressant dans le rap, c'est la façon dont les MC parviennent à jouer sur la tension entre forme orale et forme écrite à la fois lorsqu'ils rédigent et lorsqu'ils vocalisent leurs textes. Cette cohabitation tendue est sans doute davantage sensible chez les MC français que chez leurs homologues américains : du fait de leur passage par l'école de la République, les rappeurs hexagonaux ont été confrontés à une « république des lettres » qui les influence, parfois à leur insu, et envers laquelle certains d'entre eux revendiquent une admiration effective. Mais, toutes origines confondues, dans le rap, l'écriture « n'advient pas de l'extérieur », elle n'est pas non plus un « dangereux supplément » qui viendrait menacer l'autonomie de la parole et prétendrait placer cette dernière sous sa coupe en la redoublant (Derrida, 1967, p. 46-64 et 203). Libérée de sa mission mnémotechnique qu'assume à son avantage la technologie, l'écriture peut, au même titre que la parole, être envisagée par les rappeurs dans sa fonction originaire. Incorporées toutes deux dans l'attitude initiale qui fonde le rap, écriture et parole s'engendrent respectivement ; le jeu symbolique de leurs tensions mutuelles procède ici de la danse, il atteste de leur inextricable coexistence poétique.

VII

ARGENT, POLITIQUE ET RELIGION

> « Ca fait causer j'suis passé dans le rap millionnaire. »
>
> PASSI

 ## *L'argent peut-il être un objet poétique ?*

Que le hip-hop rapporte quelque pécunes à ses acteurs n'a en soi rien de choquant, ni même de bien étonnant. On sait que l'industrie culturelle est une gigantesque machine à générer des profits et, tout bien compté, les sommes engrangées par les rappeurs ne sont pas plus élevées – voire moindres – que celles dont bénéficient la plupart des autres vedettes du *star system*. Ce qui choque, en l'occurrence, c'est l'ostentation avec laquelle les rappeurs font montre des signes extérieurs de leur réussite financière. Cet étalage apparaît non seulement dans l'imagerie clinquante des objets de luxe que ces derniers exhibent à longueur de clips ou sur les photos illustrant les livrets qui accompagnent leurs albums (bijoux, voitures, vêtements de marques, gadgets coûteux, etc.), mais également dans les textes qu'ils scandent :

Mon jean est cartonné
Mes baskets sont blanches
Ma Breitling étanche [...]
La 205 est GTI
Vive le BM cabriolet [...]
Je compte mon gent-ar [argent]
(Stomy Bugsy, *Prince des lascars*)

Dont acte : « *The rhyme pays !* » (la rime paie), selon une formule qui, des deux côtés de l'Atlantique, revient souvent dans la bouche des MC. Dans la concision même de son jeu de mots un peu facile, l'aphorisme confond en un criminel amalgame expression poétique et marchandise, transgressant allégrement le sacro-saint principe du désintéressement de l'art légué à l'esthétique par la philosophie kantienne. « J'peux faire du fric avec mon groove », proclame sans complexe Lino d'Arsenik (*Un monde parfait*, album *Quelques gouttes suffisent*).

Or, à y bien réfléchir, si les rois et princes achéens peuvent se prévaloir – en hexamètres dactyliques – du butin qu'ils ont amassé au cours de leurs conquêtes, de la munificence de leurs palais, de l'abondance de leur bétail ou de la beauté de leurs esclaves aux bras blancs, et prendre un réel plaisir à pavoiser avec arrogance, juchés sur des véhicules hippomobiles de prestige, revêtus pour la circonstance de leurs plus beaux atours, pourquoi les « princes de la ville » ne se glorifieraient-ils pas – dans leurs rimes batelées – des disques d'or ou de platine qu'ils ont réalisés et des biens matériels que le nombre écoulé de leurs albums leur a permis d'acquérir – parmi lesquels de prestigieuses automobiles ? Aujourd'hui comme jadis, la richesse et ses signes somptuaires participent du renom (*kléos*) de l'individu et ajoutent au prestige de sa famille ou de son clan.

La satisfaction affichée devant l'aisance financière acquise semble d'autant plus légitime que, dans le cas des rappeurs, elle concerne des individus qu'à l'origine le jeu social ne destinait pas à la fortune et au confort matériel. Souvent, la vantardise affichée n'est que le revers d'une profonde angoisse devant le risque, toujours présent, d'une existence miséreuse : « Je me disais que j'étais assez intelligent pour m'en sortir et ne pas finir au McDo, remarque Disiz La Peste. C'est notre trouille à tous. La plupart de nos parents sont ouvriers, et t'as pas envie de faire comme eux, travailler comme un chien pour 5 000 francs par mois » (propos recueillis par Stéphanie Binet, *Libération*, 22 août 2003). Et même si cela peut sembler naïf, afficher aux yeux du monde que l'on a pu se sortir d'une galère annoncée grâce à son talent reste un péché véniel : « Aujourd'hui, oui j'le dis, ça m'plaît d'claquer mon blé / parce que c'est le mien et qu'j'l'ai eu avec respect » (Beedjy, *Une vraie meuf*).

Du reste, si les rappeurs exaltent volontiers les gains qu'ils réalisent en récoltant les fruits de leur travail, ils reconnaissent également les limites du succès financier que rencontrent leurs œuvres : « Il y a des mois où j'touche gros et d'autres où je n'touche pas » (Diam's, *Drôle de Biz*, album *Brut de femme*). Ou encore, plus lapidaire : « Mon rap paie peu » (Lunatic, *Les vrais savent*, compilation *L.432*). Contrairement aux représentants de la haute bourgeoisie, les rappeurs ne considèrent jamais la prospérité comme une seconde nature ; c'est un combat permanent dont l'issue reste aléatoire et l'assise précaire.

Si enfin, à l'instar de l'élan amoureux ou de l'appétit de pouvoir, le désir de richesse constitue une source d'intenses passions humaines, capables de conduire l'individu à tous les débordements (*hybris*), il n'y a aucune raison pertinente d'évincer l'argent de l'expression poétique ; en parler devient même une forme de purgation (*catharsis*) qui s'insère naturellement à l'intérieur d'une forme poétique.

36

Légitime rétribution du talent ou cause inéluctable de compromission et d'avilissement ?

Dans la mesure où il s'articule sur des pulsions profondément ancrées dans l'inconscient humain, le désir de richesse est par nature polymorphe ; ambivalent dans son expression psychique, il génère chez le sujet des tensions contradictoires. Le rap reflète l'irréductibilité de cette ambivalence.

Dans leurs textes, les rappeurs expriment à leur manière la contradiction entre le statut artistique des œuvres qu'ils produisent et leur « devenir marchandise », auquel ces dernières ne peuvent en fin de compte échapper (Adorno). En effet, même « si les mots sont profonds et si le son est bon / C'est toujours du rap bizness », admet Passi dans le morceau justement intitulé *Rap Bizness* (album *Genèse*). Alors que, d'un côté, ils appellent de leurs vœux une juste rétribution pécuniaire de leur talent et se félicitent d'atteindre le succès – avec son corollaire financier : « Compte blindé à la BNP » (Lunatic, *92 I*, album *Mauvais Œil*) –, les rappeurs redoutent parallèlement une mainmise de l'industrie culturelle sur le hip-hop, et craignent qu'en contrepartie de leur rémunération on exige de leur part des concessions portant atteinte à leur être même, à travers un avilissement de leur art. En effet, même si « ma vie n'est pas à vendre » (NTM, *L'argent pourrit les gens*), on sait bien que « la maille en a asservi plus d'un » (Lunatic, *Le son qui met la pression*, album *Mauvais Œil*). Un jeu où il est facile de se brûler les ailes en se laissant piéger par le luxe et la facilité, et où l'on risque de voir la substantifique moelle de son art vidée de son sens pour mieux être récupérée par l'industrie du disque : « l'industrie détourne le sens de ma zic comme les terroristes » affirme Hifi (*Radikal*, n° 70, mars 2003).

Afin d'éviter la perversion de l'art par l'argent, il faut donc accepter certains sacrifices et mettre en œuvre une forme d'ascèse à l'égard des satisfactions matérielles que la monnaie est en mesure de procurer. Une discipline qui transforme le sujet en l'amenant à ne pas céder à son avidité naturelle :

> Faire avancer les choses
> Défendre notre cause
> Pour une métamorphose
> Voilà ce qui s'impose
> Loin de tous les requins
> Je poursuis mon chemin
> Loin de la tune mon posse évolue
> Voilà ma vraie fortune
> Sans grands moyens oui je suis né
> Et pourtant prêt à affronter
> Cette injuste réalité.
> (NTM, *L'argent pourrit les gens*)

Il n'est pas contradictoire d'aimer l'aisance matérielle et de se méfier des compromissions et des renoncements qu'impose l'esprit de lucre :

> Je ne me prétends pas du tout différent
> J'aime l'argent, l'adopter le maîtriser
> le contrôler avec doigté
> Doit apporter une jouissance interne intense
> Quelle qu'en ait été l'origine de la semence
> Oui j'ai ce défaut aussi
> Mais je n'ai pas trahi
> La confiance de mes pairs
> Pour une sale affaire de fric.
> (*Ibid.*)

Reconnaître la prégnance d'une passion et refuser de céder pathologiquement à son inclination au profit impératif d'un ordre supérieur, n'est-ce pas précisément là la forme même de la « volonté bonne » selon Kant et le fondement de toute conduite morale ?

Mais l'artiste ne peut pas non plus renoncer à l'argent : non seulement il a besoin que son travail génère des ressources acceptables s'il veut se consacrer pleinement à son art sans être détourné de sa création par des tâches alimentaires, mais, de façon très pragmatique, l'autonomie financière se révèle également indispensable du point de vue de l'art lui-même. En effet, si l'on veut résister aux pressions de l'industrie du disque et conquérir une réelle indépendance artistique, il est impératif de se passer de la tutelle oppressante des grandes compagnies et des réseaux de distribution inféodés à leur empire, qui, pour des raisons commerciales évidentes, cherchent à rendre le travail des artistes accessible au plus grand nombre en le schématisant, et s'efforcent, en conséquence, d'en infléchir le contenu, quitte à le vider de sa substance. Nerf de la guerre économique, l'argent est aussi le moteur de la bataille poétique : « Oh shit ! On veut de la maille / Pour monter sa maison de prod et faire sa bataille » (Assassin, *$$$*, album *Touche d'espoir*, Assassin Prod.-Delabel, 2000). Pour se donner les moyens de remporter cette guerre économico-poétique, les rappeurs sont, la plupart du temps, soutenus par tout un collectif (posse) où chacun met bénévolement à disposition ses compétences propres, tantôt à titre de diffuseur, tantôt en qualité de technicien du son, de négociateur, de conseiller juridique ou même de mécène. Cette stratégie place les grandes compagnies devant une situation inusitée, car elles ne doivent plus seulement traiter avec des individus isolés, des artistes vulnérables, souvent faciles à manipuler quand il s'agit de négocier un contrat, mais avec des équipes constituées, au fait de toutes les ficelles de la fabrication et de la distribution discographiques. Une stratégie qui se veut à la fois garante d'autonomie artistique et pourvoyeuse de profit.

On a trop souvent mis sur le compte de la simple avidité consumériste une âpreté au gain qui, chez les rappeurs, est en fait solidaire de leur engagement poétique. C'est en effet dans la mesure où, sans accepter de concessions majeures, leurs disques atteignent un réel succès commercial que les acteurs du hip-hop peuvent prétendre négocier avec les grandes compagnies discographiques des contrats dont les clauses leur garantissent une sauvegarde du contenu – textes et musique – de leur poésie, et laisse leur expression intacte. Nombre de rappeurs refusent par exemple de se plier au préalable contraignant d'une maquette – qui offre de fait un droit de regard à la maison de disque sur la forme comme sur le fond –, dont ils auraient à négocier par la suite tel ou tel aspect avec un directeur artistique soucieux d'arrondir les angles. En général, les rappeurs apportent un produit fini – ou quasi fini – à prendre ou à laisser : « Le hip-hop descend dans la rue / et se saisit du show-biz à son insu » (Fonky Family, album *Métèque et mat*, Delabel, 1995). Or, pour réaliser soi-même un produit fini de qualité, il faut disposer d'un appareillage coûteux, et donc des ressources nécessaires à son acquisition : la spirale de l'argent n'est pas seulement le schème pulsionnel d'une logique d'avidité, c'est aussi une dynamique concrète de l'acte créatif. Cette approche, qui intègre création, reproduction et diffusion au sein même du geste poétique, et assure l'autonomie de l'artiste, bat naturellement en brèche la théorie de l'autonomie de l'art qu'Adorno s'est efforcé de défendre bec et ongles : non seulement les œuvres de l'art ont un devenir marchandise, mais leur statut de marchandise est constitutif de leur statut d'œuvre d'art ; tous deux semblent participer d'une même ontologie. Le problème est crucial pour l'esthétique, puisqu'il rend à sa manière caduque l'opposition hégélienne entre l'art et la prose du monde.

D'un point de vue matériel, pour efficace qu'elle soit, la stratégie des rappeurs n'est du reste pas exempte d'inconvénients ni d'ambiguïtés. Elle est en partie responsable du climat de suspicion mutuelle qui plonge le hip-hop dans des rivalités stériles, et confine parfois à la paranoïa. Il suffit qu'un groupe rival ait réussi à signer un contrat juteux auprès d'une major, ou que les disques d'un rappeur atteignent un succès médiatique et commercial significatif, pour que l'on entende s'élever ici et là les voix d'acteurs moins chanceux, moins habiles dans la négociation, mais parfois aussi moins talentueux, pour reprocher aux heureux lauréats de prostituer leur art, de nuire à la crédibilité du rap, et de porter atteinte à l'ensemble du mouvement hip-hop. Une tendance que renforce le climat d'*agôn* généralisé dans lequel le rap tend à se développer. Les rappeurs qui ont réussi à percer sur la scène médiatique refusent naturellement cette alternative fataliste qui lie succès et compromis, réussite et démission poétique. Le rappeur accompli est précisément celui qui, une fois le succès venu, se montre suffisamment habile pour préserver l'intégrité de son art tout en jouissant de la prospérité que lui confère son succès :

> Va pas te la raconter à critiquer le rap et les affaires
> Certes je reste le même, même si le succès toque à ma porte
> Que les disques sortent que je m'exporte qu'on attend ma perte
> J'reste le même, le même jeu de cartes et qu'importe si je me plante
> C'est du rap avec ma banque c'est aussi du biz
> C'est comme ça qu'on se comporte.
> (Passi, *Rap Bizness*)

Gérer avec intelligence les bénéfices engrangés grâce à son talent est une qualité que tout rappeur doit apprendre à développer. À l'instar du plasticien américain Andy Warhol, les rappeurs se veulent des artistes d'affaire.

37 — Comment les rappeurs mettent-ils en scène la passion de l'argent ?

Le blé, l'artiche, le pognon, le fric, la tune, les biffetons, l'oseille, etc. : les rappeurs n'hésitent pas à solliciter l'imposante palette terminologique dont dispose l'argot français pour désigner la monnaie ; au besoin ils inventent leurs propres termes (la caillasse, le gent-art, le roro – gémination du verlan de « or »), empruntent aux langues étrangères leur ressources lexicales (*cash*, flouze, dollars, *dinero*, etc.), ou remettent même au goût du jour des termes oubliés, issus de l'ancien français (la maille). Car puissante est la passion pour l'argent : « Des millions, voilà ce que je vise pour ma famille et ma / Propre personne » revendique Ali de Lunatic, invité sur le titre *Génération Sacrifiée* (maxi « Un Rêve Commun », 1998).

À l'instar de la façon dont le rap met en scène la violence, faute de parvenir à distinguer le niveau symbolique du propos et la réalité objective des faits, la description de la passion de l'argent, dramatisée par les rappeurs, souffre d'une répulsion similaire chez nombre d'auditeurs. Qu'ils évoquent en effet la violence, ou qu'ils parlent d'argent (manières de se le procurer ou façons de le dépenser), les rappeurs ne semblent pas faire de différence stylistique entre l'ordre du discours et celui du récit (voir question 34), d'où l'ambiguïté que l'on attribue aux paroles de leurs textes (Béthune, 2003, p. 106). Davantage qu'une position morale, cette attitude de rejet correspond à une tendance à dénier implicitement au rap sa dimension poétique : dans la mesure où les rappeurs sont censés nous rapporter crûment des faits réels, ils feraient tout au plus œuvre de chroniqueurs non de poètes, et puisque l'argent semble tenir pour eux une telle place, c'est que leurs œuvres n'ont de valeur *qu*'à titre de marchandises. Exit donc l'analyse esthétique, il ne reste plus, dès lors, qu'à abandonner le terrain au seul sociologue, ou pire au défenseur de l'ordre moral.

Pourtant, dans son emphase même, le propos devrait, la plupart du temps, éclairer l'auditeur, quant au statut symbolique de ce qui s'énonce :

J'ai l'sourire, tant que j'manque pas d'billets d'banque,
De plaisirs charnels, blindé comme un tank pris sous le charme.
L.I.N.O. gonflé comme une grosse paire de mamelles,
Moi l'fric ça m'fait bander comme le boule à Julia Chanel.
Demandez à mes partenaires, qu'est ce qui fait tourner la planète.
Le sexe, les biftons, le pouvoir et les bizness pas nets.
(Arsenik *Sexe, pouvoir et biftons*)

Il paraît objectivement difficile de prendre au pied de la lettre l'hyperbole de ce genre de tirade – toujours ponctuée par des effets sonores appuyés – et d'admettre sans sourciller que les propos tenus ne visent en l'occurrence qu'à rapporter la simple réalité des faits.

Rejoignant souvent l'exercice de la violence, ce goût immodéré pour les espèces sonnantes peut parfois aller jusqu'aux actions les plus extrêmes dans le but de s'en procurer quelques liasses. Au diable donc la rime et ses profits aléatoires, car en fait : « Seul le crime paie / Aucun remords pour mes péchés / Tu me connais je suis assez bestial pour de la monnaie et / N'aimant que manier l'acier pour les billets / Si t'entends des "click", "click" / Seul le crime paie » (Lunatic, *Le crime paie*, Compilation Hostile vol. 1, 1996). Dans la bouche du duo de rappeurs français qui forment Lunatic – et par delà le style « gangsta » alors en vogue outre-atlantique – la référence au pandémonium des *badmen* qui peuplent la culture afro-américaine ne semble en l'occurrence guère faire de doute (Béthune, 2003, p. 117-121). Le grasseyement caverneux de Booba, martelant ses rimes d'une voix aux accents délibérément inquiétants auquel répond et se superpose le flow haché, haletant de son compère Ali, saturent « phonostylistiquement » le jeu symbolique d'une poétique du crime où il faut être sourd – ou de mauvaise foi – pour ne pas entendre la part propre de l'humour et de la dérision, et saisir la dimension poétique du propos.

À côté d'ailleurs des strophes où s'affiche un appât immodéré du gain et mettant en scène des individus prêt à user des pires stratagèmes pour se satisfaire, les rappeurs ne répugnent pas à forger des rimes où sont dénoncés les méfaits de l'esprit de lucre. Nombreux sont en effet les couplets décrivant la déchéance morale des individus qui vouent un intérêt exclusif aux valeurs matérielles ; ces damnés du cash pour qui : « Plus rien ne compte lorsque la maille engraisse » (Rocca, *La morale*, album *Entre deux mondes*). Non seulement les rappeurs redoutent que le mirage d'un enrichissement facile ne vienne dénaturer l'expression poétique du hip-hop, mais ils craignent que les rivalités induites par une volonté farouche de s'enrichir ne porte atteinte à leur proches, voire à l'ensemble de la communauté qu'ils représentent. Devenu une valeur négative, non seulement « l'argent pourrit les gens », mais il empêche de saisir les problèmes à leur juste place et de percevoir le niveau où se situe l'oppression :

> Hey b-boy, b-girl
> Tu kiffes Addidas ?
> Reebok, Nike, tu kiffes aç [ça] ?
> Le salaire annuel cumulé des six mille cinq cents employés
> Travaillant pour Nike en Thaïlande et en Corée du Sud
> Équivaut à la moitié de ce que gagnaient les 13 membres
> Du directoire de la firme, dont j'affirme
> Qu'une paire de chaussures vendue 400 francs
> Peut avoir généré un salaire de 70 centimes seulement
> C'est ouf, non ? C'est ouf, non ?
> (Assassin, *Esclave 2000*, maxi et album *Une touche d'espoir*)

Ce constat nous amène à considérer l'impact de la conscience politique dans l'expression hip-hop.

Y a-t-il une politique du rap ?

Les paroles – comme c'est souvent le cas avec le groupe Assassin – ont ici le mérite de s'étayer sur des faits avérés et de faire référence à des chiffres précis. Faut-il pour autant ériger le hip-hop en courant politique à part entière et promouvoir les rappeurs en initiateurs sagaces d'une conscience politique ou révolutionnaire ? Rien n'est moins sûr. Les intéressés sont d'ailleurs les premiers à refuser le label de « militant », préférant faire primer le poétique sur le politique : « Je ne veux pas faire de politique, /

Ma mission est artistique... », précise sans équivoque le groupe en incipit du rap précédemment cité ; « Je ne suis en rien politicien » déclarent les NTM (*Come Again*) ou plus radical encore selon les « Sages Poètes de la Rue » : « Ma politique c'est la poétique poussée à l'extrême » (*Je reste au centre*). La plupart des rappeurs « préfèrent faire une chronique de la réalité, la dénoncer, plutôt que d'être directement porteurs d'un message politique » (Boucher, 1998, p. 163) ; ils se font en outre peu d'illusion sur leur pouvoir à faire concrètement changer les choses : « Sur le dernier album de NTM on a écrit *Pose ton gun*, tu crois qu'ils l'ont fait ? », ironise Joey Starr.

D'une façon générale, les urgences de la vie quotidienne s'avèrent trop insistantes pour que les individus aient le loisir de participer à la vie publique : « La politique on ignore / Dans notre quartier c'est sauve qui peut ! » (Fonky Family, *Art de rue*, album éponyme, Sony, 2001). En outre, la mise en question des hiérarchies sociales et des privilèges économiques reste chez les rappeurs trop passionnelle, elle privilégie trop le registre des affects, pour que l'on puisse explicitement qualifier leur révolte de « politique ». Renoncer à cette dimension cathartique pour lui substituer une argumentation démonstrative, reviendrait à adopter une posture d'homme politique en campagne qui sacrifierait la dimension poétique du rap : « De nos jours les gens ont tendance à présenter les rappers comme des leaders politiques. Nous ne le sommes pas. Nous sommes des artistes nous exprimons notre manière de vivre et nos croyances », se défend le MC du groupe Arrested Developpement (Garnier, 2003, p. 87). Les rappeurs pointent le doigt sur des inégalités, ils s'indignent devant certaines injustices et pourfendent les comportements discriminatoires ; ils révèlent au passage des dysfonctionnements ou des contradictions du système, mais leur propos ne dépassent guère le stade de la simple dénonciation : « Je ne fais pas de politique je dénonce » insiste Hifi (*Radikal*, mars 2003). Foncièrement viscérales, les diatribes des rappeurs veulent rester sur le terrain d'une critique imagée, sans tomber dans le piège de la thèse – même si parfois certains n'évitent pas celui du prêche. La mise en cause du système sera alors l'occasion d'hyperboles, de métaphores et de rimes percutantes à la mesure d'une intime indignation qui ne vise pas à proprement parler l'action – et moins que tout l'action militante – mais la purgation passionnelle. La plupart du temps le rap se veut une simple expression lyrique de la rage qui, dans ses excès mêmes, ne saurait valoir sérieusement à titre de mot d'ordre ou même de schème d'action ; que l'on pense, par exemple au provocateur « Allons à l'Élysée, brûler les vieux » scandé avec véhémence par les NTM (*Qu'est-ce qu'on attend ?*). S'il permet de dénoncer d'un jeu inique parce que les règles en sont truquées, « le rap n'a jamais changé aucune règle » constate avec une lucidité résignée le rappeur américain KRS ONE (Garnier p. 169).

Même dans ses aspects les plus critiques, ou les plus outranciers, le rap reste une compensation par le verbe devant l'impuissance constatée face à un ordre des choses que les rappeurs estiment injuste, partial, et sclérosé par les préjugés ; un ordre surtout dont les gardiens patentés – police, justice, prison, armée, mais aussi éducation – semblent systématiquement choisir leurs cibles parmi les leurs : « On est catalogué, coupable à chaque fois, / Mis à l'écart, fiché ou même montré du doigt », déplorent les MC du groupe Sniper (*Pris pour cible*, album *Du rire aux larmes*, 2001).

Dans la foulée des organes officiels de l'État, c'est finalement l'ensemble de la population qui, intoxiquée par les discours officiels et les analyses réductrices des médias, s'inscrit dans un mouvement de suspicion généralisée :

> Regarde c'est grave, ils nous jugent par notre apparence.
> Pour eux jeunes de cité rime seulement avec délinquance.
> Tout ça pour une couleur, une origine qui ne reflètent pas leur France.
> Ca m'fait flipper quand j'y pense.
> Alors savoir qu'est-ce qui les pousse à nous mettre tous dans le même sac ?
> Pourquoi quand j'croise une vieille elle s'agrippe à son sac ?
> Pourquoi quand je cherche un taf je vois les portes se fermer ?
> Pourquoi on me traite de voleur alors que je n'ai encore rien volé ?
> Est-ce mes baskets qui font ça ? Je ne crois pas.
> Est-ce ma tête qui ne passe pas ? Je ne sais pas.
> Y'a tant de questions auxquelles je ne peux pas répondre.
> (Sniper, *Pris pour cible*)

Cette situation dérisoire et tragique, où tout semble joué d'avance, pousse sans doute certains, dans un sursaut réactif, à des passages à l'acte sans issue, mais en fait, elle inhibe toute véritable action politique ou militante et n'incite guère au civisme : « Moi j'suis pas inscrit à leur putain d'électorat » (Booba, *Temps mort*, album éponyme, 2002). L'expérience sans cesse renouvelée de l'impuissance génère finalement chez le sujet un ressentiment universel qui contamine les moindres recoins de son être : « Ma rancœur a des raisons que ton cœur ne soupçonne même pas » constate Calbo, le MC d'Arsenik, en un élégant sample littéraire, dans le très saturnien rap *Une saison blanche et sèche*, une disposition d'esprit qui cadre mal avec l'idée qu'il soit possible de transformer positivement le réel par une action militante.

Ce désintérêt global pour l'action politique proprement dite ne permet pas de parler du rap comme d'une expression révolutionnaire ; même si la protestation prend souvent des allures de subversion, elle conserve sa part d'imaginaire. De toute façon : « La vraie révolution n'a pas besoin d'un support musical pour exister [...] si on est des musiciens c'est qu'on est aussi des rêveurs », remarque à juste titre Joey Starr (entretien accordé à l'hebdomadaire *Télérama*, n° 2724, 27 mars 2002). Dès lors, « s'il n'est pas vain de penser que le rap peut élever les consciences, il est utopique de penser qu'il charrie une quelconque révolution. [...] Le rapper ne crache ni sur la propriété privée ni sur les grands hôtels ou l'argent. Il veut sa part de gâteau » (Garnier, 2003, p. 95).

Faute d'espérer dans le futur – « Mon avenir est écrit sur du p.q. » déplore Lunatic (*Le son qui met la pression*) – les rappeurs n'entretiennent pas l'illusion d'un grand soir et cherchent moins à renverser le système qu'à, éventuellement, le détourner, à leur profit : « On est pas des spéculateurs. Mais quand je vois un pote dans une belle voiture, à quoi tu veux que je pense ? À Arlette Laguillier ? » commente ironiquement Kool Shen (supplément week-end de *Libération*, numéro 17, 1er avril 1995).

39   *La politique quand même ?*

Si les rappeurs, faute de pouvoir s'identifier positivement à un courant politique, et moins encore à l'un de ses représentants, ne font guère preuve – c'est le moins qu'on puisse dire – d'esprit militant, ils ne revendiquent toutefois pas tous la même attitude face aux valeurs citoyennes et à l'engagement personnel. Du strict point de vue des textes, on ne saurait, par exemple, mettre sur un même plan le groupe Assassin et Stomy Bugsy, Akhénaton et Doc Gynéco, etc. Il est en outre toujours hasardeux de faire l'amalgame entre la personne du MC et le(s) personnage(s) que ce dernier incarne au fil de ses prestations, les situations qu'ils met en scène ou les événements – réels ou fictifs – dont il brosse la chronique.

En revanche, comme on pouvait s'y attendre, les rappeurs développent de manière unanime – et pourrait-on dire, chronique – une identification négative à l'égard des thèses de l'extrême droite, de son représentant tapageur et de ses épigones un peu ternes : « Que les choses soient claires / Ils veulent ma peau et je veux la leur », affirme sans nuance le Marseillais Faf la Rage (*Pour ou contre*, compilation *Sachons dire non*, 1998). Par une sorte d'automatisme rhétorique, le schématisme haineux des thèses de l'extrême droite, les dérapages calculés du personnage abhorré que les rappeurs interpellent, semble justifier toutes les outrances verbales de la part des rappeurs :

> J'aimerais être dans la peau de ce flingue
> tenu dans la main d'un beur qui se verrait caler Le Pen
> J'aimerais être dans la peau de ce surin
> tenu dans la main d'un nègre pour une balafre sur Mégret
> J'emmerde la droite et leur cellu
> J'aimerais que mon majeur crève l'œil à Jean-Marie.
> (Sniper, *Nique le système*)

Or globalement les rappeurs paraissent moins convaincants lorsqu'ils argumentent à coup d'évidences crûment formulées, ou qu'ils laissent libre cours à l'expression de leur ressentiment convenu que lorsqu'ils mettent directement en scène les agissements de l'extrême droite. Ainsi dans le morceau intitulé *Tribal poursuite* (album *Du rire aux larmes*, 2001), le MC du groupe Sniper se met dans la peau d'un immigré poursuivi par une meute de skinheads. Paroles et musique convergent pour donner à la cavalcade son rythme haletant, chaque strophe du récit fictif se terminant par le rappel d'un sombre fait divers bien réel, lui : « J'finirai pas dans la Seine, victime de la folie des fachos. » Par sa position sur l'album, le morceau prend une dimension polémique particulièrement efficace puisqu'il précède un morceau intitulé *La France*, un rap qui se veut une description de l'idéologie dominante de la société française. Sans argumentaire qui ne pourrait qu'affaiblir ou alourdir le propos, la juxtaposition des deux morceaux laisse l'auditeur induire lui-même la conséquence : les positions idéologiques et les comportements qui prédominent dans la société française contiennent en germe les débordements de tous les extrémismes, ratonnades racistes, mais aussi nuits de clameurs et de violence organisés par les jeunes des cités :

> Les frères sont armés jusqu'aux dents, tous prêts à faire la guerre
> Ca va du gun jusqu'au fusil à pompe, pit-bull et rotweiller
> À quoi ça mène, embrouille de cité, on se tape dessus
> Mais tu te mets à chialer lorsque ton pote se fait tirer dessus.
> (*La France*)

Les impasses où se fourvoie « l'idéologie française » secrètent en retour la violence des comportements extrêmes euxmêmes sans issue. À cette voie de la violence désespérée les Sniper préfèrent substituer la voie électorale plus efficace :

> Quand j'vois le score du FN, j'me dis qu'on peut contrer ça
> Tant d'fils d'immigré, si on s'mettait tous à voter
> La France serait désemparée et l'adversaire serait humilié
> Campagne électorale, chaque personne a des droits
> Regarde la tête qu'il a quand j'lui demande ma carte électorale
> La morale, j'incite au vote, 5 minutes c'est quoi ?
> Et plus particulièrement, j'cause aux galériens qui votent pas tout comme moi
> Notre force la voilà, donc à nous d'le faire
> Passer à l'urne afin qu'ils cessent de nous casser les burnes.

Qu'ils évoquent le climat de violence qui règne dans les cités ou, comme dans leur titre *Jeteur de pierres*, les ravages de la crise palestinienne, les rappeurs du groupe Sniper sont finalement plus nuancés, plus citoyens, et à tout prendre plus responsables que voudraient nous le faire croire la critique réductrice de certains censeurs qui dénaturent le sens des textes en sortant les mots du contexte où ils figurent pour trouver prétexte à condamner : « On peut discuter de la pertinence des insinuations de bavures et autres interventions policières "musclées". En revanche, il faut reconnaître que, dans la chanson *La France,* il n'y a pas d'appel à des actes illégaux, mais au contraire des conclusions morales », remarque à juste titre le sociologue Anthony Pecqueux (*Libération*, 13 novembre 2003).

On peut certes reprocher aux membres du groupe Sniper la crudité de leur langage ou la partialité de certaines de leurs prises de positions, et condamner la facilité de certains de leurs clichés misogynes. Pourtant, dans l'outrance de la polémique, les rappeurs atteignent une incontestable efficacité expressive, précisément parce que, au-delà d'une forme percutante, les Sniper savent introduire dans leur propos la part de nuance qui rend leur démarche crédible. L'extrême droite ne s'y est pas trompée : avant même l'agitation ministérielle, elle s'est employée à faire interdire tous les concerts du groupe. La vindicte des rappeurs de Sniper reste sans doute trop passionnelle pour être qualifiée de politique ; elle est à la mesure du ressentiment généré par les blocages tant de la société française que de la situation au Proche-Orient.

 Quelle place pour quelle religion ?

Ce sont en partie les blocages de la société française à leur égard qui expliquent également que nombre de jeunes des cités se tournent de manière ostensible vers des valeurs religieuses, en particulier – pour des raisons identificatoires assez évidentes – celles de l'islam ; une orientation à laquelle n'échappent pas les rappeurs et dont la culture hip-hop se fait naturellement l'écho. Pour nombre d'enfants d'immigrés, l'islam n'est pas seulement la religion des racines, c'est aussi la voix de la résistance aux valeurs d'un Occident au mépris conquérant. Dans un contexte de désespoir propice aux amalgames, les coups de gueule d'un Saddam Hussein, les coups de mains d'un Ben Laden, et les prêches des imams intégristes, prennent une valeur hautement symbolique. D'une certaine manière, l'adhésion aux valeurs religieuses est le symétrique du détachement de l'esprit militant. C'est une constante sociologique : lorsque les contraintes de l'ordre social sont vécues comme une fatalité inéluctable, le sujet, conscient de son impuissance à changer le monde, tend à se détourner de l'action et s'oriente volontiers vers la religion qui, à sa manière, légitime l'injustifiable en faisant miroiter l'espérance d'un au-delà prometteur : « On a l'au-delà pour nous maintenir » (Lunatic, *Le silence n'est pas un oubli*, album *Mauvais Œil*, 2000). La religion ouvre l'espérance sur un monde à l'équité retrouvée où les derniers seront les premiers, où les humbles seront élevés.

Sur ce plan, le hip-hop a vécu des conversions spectaculaires et d'autres plus discrètes. On sait que, malgré ses origines siciliennes, Akhénaton a de longue date adopté la voie d'un islam à usage intime, où ses textes puisent leur part de spiritualité. Plus tumultueuse et plus médiatique apparaît la conversion de Kéry James, naguère membre éminent du groupe hardcore Idéal J., connu pour ses positions extrêmes et son parler agressif :

> Puis j'ai appris l'islam cette religion honorable
> De transmission orale auprès de gens bons et fiables
> Elle ma rendu ma fierté
> M'a montré ce qu'était un homme
> Et comment affronter les démons qui nous talonnent
> J'ai embrassé le chemin droit et délaissé les slaloms
> Ceux qui m'ont éduqué je remercie
> Je passe le Salam.
> (Kéry James, *28 décembre 1977*)

Le MC, se réclamant d'un rap hardcore sans concession, affichait il y a peu sa volonté outrancière d'en découdre – tant avec les autres rappeurs qu'avec les forces d'oppression qui protègent le système – dans la pure tradition agonistique caractéristique du hip-hop : « bande de bâtards, prenez la position de combat, / mais tout comme moi maintenez-la » (*Le combat continue*, album éponyme, 1998). Kéry James prône désormais dans ses textes la pacification des esprits et le renoncement à toute violence : « Que les armes soient posées, les esprits reposés / Les pulsions maîtrisées et le diable méprisé » (*Cessez le feu*). Si elle est sincère, l'intention est en soi louable, mais ce mariage impromptu de l'islam et du rap n'est-il pas finalement celui de la carpe et du lapin ? En effet, outre sa conduite, la religion n'influence pas seulement les textes de Kéry James ; aux dires du rappeur, elle détermine également ses choix musicaux : « Depuis que je me suis converti à l'islam, je n'utilise plus certains instruments, conformément à ma croyance » (entretien accordé à l'hebdomadaire *Télérama*, n° 2724, 27 mars 2002). Au regard du dogme, l'usage d'un synthétiseur imitant les cordes ou les vents est-il autorisé ? Je ne suis pas certain que le Coran réponde clairement à ce genre de question. Conformément aux prescriptions du dogme, Kéry James est désormais résolu à se passer des cordes et des vents ; espérons pour lui que son zèle théologique ne poussera pas le MC – à l'instar de l'ex-rock-star britannique Cat Stevens – à renoncer à toute forme d'expression musicale, ainsi que l'exigent les plus rigoureux des fondamentalistes pour qui la musique, qu'elle qu'en soit la forme, procède du démon !

VIII

CULTURE

> « Je pense que le hip-hop est une sorte
> de révolution culturelle de la jeunesse. »
> VINNIE, du groupe Naughty by Nature

> « L'identité chez l'homme, de tous
> pays, est marquée par la fierté
> De sa culture, de ses langues, de ses
> héros. »
> ASSASSIN

 Où se situe l'engagement culturel des rappeurs ?

Si la contribution politique des rappeurs dépasse rarement le cadre d'une protestation qui tient davantage de la posture esthétique voire de la pose médiatique que de l'engagement militant, l'implication de ces derniers dans la culture hip-hop paraît en revanche absolue. Non seulement la culture hip-hop comporte de multiples facettes qui recouvrent à peu près toutes les modalités de la créativité humaine (art plastiques, danse, musique, poésie...), mais le rap proprement dit n'est pas une forme poétique ou musicale *a priori* qu'il suffirait de remplir, et dans laquelle chacun pourrait se couler à l'issue d'un simple apprentissage technique : on ne choisit pas de produire un rap comme on peut décider de composer un madrigal ou un sonnet. Faire du rap exige une situation d'appartenance communautaire et implique une immersion culturelle. C'est pourquoi le rap constitue à lui seul une raison d'être : « J'ai là ma raison d'être : RAP en 3 lettres / Ma bible, mon concept, mon intellect, mon dialecte » (Rocca, *Rap*), et le hip-hop est une manière de vivre qui accapare l'individu à plein temps et l'accompagne dans la moindre de ses conduites (voir questions 44 et 47).

En tant qu'expérience esthétique, le hip-hop mobilise donc l'ensemble de l'être. C'est, un engagement total qui fonde l'identité de la personne, lui permet de s'appréhender en tant que sujet et de se faire reconnaître comme tel auprès des autres (voir question 14). On peut même dire que, pour certains, le rap participe d'une véritable idiosyncrasie ; inscrit au plus intime de l'individu il se confond en effet avec un processus physiologique : « Pourquoi j'rappe ? Autant me d'mander pourquoi j'respire », constate Akhénaton (*Mes traits précis*, album *Sol Invictus*, La Cosca-Hostile Records, 2001). Le rap ne peut donc être assimilé à une cause externe qui dépendrait d'une libre décision du sujet, il se trouve biologiquement inscrit sur le corps, et même programmé au plus profond de l'individu jusque dans les gènes du rappeur :

> C'est gravé dans mes mains comme les lignes de mes paumes
> C'est dans mon sang, dans mes gènes, au plus loin de mes atomes
> Mes chromosomes bouillonnent dans mes veines quand je serre le crom [micro]
> Et quand je prône mes psaumes.
> (Rocca, *Rap*)

On ne s'implique donc pas dans le rap par un choix réfléchi, comme on déciderait d'adhérer à un mouvement politique, ou à une thèse philosophique, c'est lui qui vous colle à la peau : « Le rap me colle à la peau autant que ce bitume » (Boss One). Cette fatalité poétique dont le sujet ne peut se dépêtrer, le rap la partage avec le blues, mais tandis que le blues manifeste sa présence par intermittences – « The blues felt this morning » ; « I met Mister blues last night » (Ce matin le blues m'est tombé dessus ;

La nuit dernière j'ai rencontré Monsieur le Blues) – laissant à l'individu quelque répit entre les crises de possession, le rap ne quitte jamais celui qu'il a élu pour en faire son représentant. En revanche, contrairement au blues qui aux dires du bluesman est le plus souvent subi, le rap est vécu activement par le rappeur : « J'fais mon job à plein temps » se félicite Busta Flex (album *Busta Flex*, WEA, 1998). Si le rap est une fatalité, faire du rap est en soi une manière de se prendre en charge.

Cette implication radicale du sujet sur le terrain de la culture hip-hop constitue sans doute la meilleure garantie contre les éventuelles tentatives de récupérations de tous ordres qui, de l'extérieur, menacent une forme d'expression originale : récupérations financières de l'industrie culturelle, récupérations sociales à des fins sécuritaires de pacification des quartiers sensibles, ou politiciennes à des fins électorales, récupérations intellectuelles sous l'influence d'on ne sait trop quel effet de mode, récupérations intéressées de profiteurs à l'affût. Cette manière d'engager sa personne constitue enfin une parade efficace contre l'offensive des charlatans parachutés par les médias, des rappeurs sans consistance qui ne possèdent aucune « culture de rue » à faire valoir et restent étrangers à leur pratique. Faute d'être réellement impliqués dans le mouvement hip-hop, ces ersatz n'ont aucune légitimité ; ils ne « représentent » personne, c'est-à-dire : rien. Ainsi fut perçu le rappeur blanc Vanillia Ice, dont le succès programmé fit long feu. Particulièrement sourcilleux sur la question de l'authenticité, les rappeurs restent vigilants face aux intrusions extérieures qu'ils ressentent comme une menace de dépossession. En rupture de culture officielle, les rappeurs ne veulent pas prendre le risque de se faire expulser de leur propre domaine d'expression, comme cela a été progressivement le cas pour les bluesmen et les musiciens de jazz qui, au fil du temps, ont perdu leur public de référence, se coupant irrémédiablement du jeu d'interactions fécondes d'où leur art tirait précisément sa verve et son originalité : « Cela fait plus de 20 ans que je n'ai pratiquement pas vu un Noir à l'un de mes concerts ! » déplore B. B. King.

À l'heure où l'on s'alarme – en particulier chez les jeunes – de la montée d'une passivité consumériste, conséquence d'un matérialisme avide où prévalent les valeurs individuelles, il est rassurant de constater que certains entendent activement livrer bataille sur le terrain spécifique de la culture. Affichant une volonté farouche de ne pas céder un pouce de terrain, fût-ce dans le cadre d'une expression délibérément provocante qui ne corresponde pas aux canons de la norme en vigueur, les rappeurs ce sont rassemblés sous la bannière fédératrice d'une lutte pour la culture.

Rap conscient ou vile expression des voyous et des malotrus ?

On a coutume d'opposer le *conscient rap* – c'est-à-dire le rap pensé, le rap porteur d'une réflexion ou d'un message – au *gangsta rap*, stérile véhicule d'obscénité et de violence. Le premier serait en quelque sorte la face positive et créatrice du rap, la voix dépositaire de son esprit, de son essence authentique, tandis que le soi-disant gangsta rap témoignerait d'un dévoiement adventice de la culture hip-hop, une forme d'expression, sinon créée de toutes pièces, du moins abusivement montée en épingle à des fins mercantiles et qui, sans réelle signification culturelle, porterait préjudice à l'ensemble du mouvement. Outre le fait qu'elle se fonde sur une manière oiseuse d'opposer l'être et le paraître, cette façon de rejeter le gangsta rap et ses variantes hors de la sphère de signification du hip-hop n'est pas sans rappeler la façon dont Odum et Johnson refusèrent en leur temps de prendre en compte les blues obscènes ou violents qu'ils estimaient « non significatifs » – tout en reconnaissant en même temps qu'ils étaient pourtant fort nombreux. Pour les bien-pensants de tous bords, la prolifération du genre gangsta justifie la diabolisation du rap dans son ensemble et légitime la censure à son égard. Parallèlement, pour certains défenseurs de la culture hip-hop, le succès médiatique du gangsta rap serait la conséquence d'une manipulation économique et culturelle ; il aurait pour conséquence désastreuse d'occulter la dimension positive du hip-hop. L'analyse n'est sans doute pas dépourvue de sa part de pertinence : l'industrie culturelle a toujours été prompte à dévoyer l'expression afro-américaine pour en détourner les éventuels profits.

Toutefois, la stratégie qui consisterait à évincer de façon arbitraire le gangsta rap des analyses esthétiques en lui refusant toute qualité propre s'expose à un retour du refoulé. D'une certaine manière, dans ses excès, dans sa véhémence exhibée, le rap est à lui seul un retour au grand jour d'un aspect délibérément occulté de la culture afro-américaine ; c'est pourquoi on ne saurait réduire cette orientation tumultueuse du rap qu'est sa forme gangsta à un simple « attrape-nigaud » ou à une pitoyable « manipulation économique et sociale » (Garnier, 2003, t. 1, p. 228). Le problème de la violence (physique, sexuelle, sociale…) à laquelle se trouvent confrontés les membres de la communauté afro-américaine aux États-Unis n'est pas d'ordre symbolique, c'est d'abord une violence réelle, massive, qui commence avec l'histoire de la diaspora forcée des Noirs, et qui trouve son pendant, sur notre sol, dans la violence de type colonial que rencontrent les immigrés d'origine africaine ou nord-africaine. L'expression symbolique de cette violence, quelles qu'en soient les formes avérées, demeure une conséquence, elle ne constitue pas en soi un problème, mais plutôt une ébauche de solution cathartique. Il faudrait ne jamais oublier qu'aux États-Unis, le simple fait de prétendre à un statut de personne est déjà considéré pour un Noir comme une forme de délinquance (voir question 13). Peu importe, ainsi que le souligne, sans doute avec raison, le sociologue Antoine Garnier, que le soi-disant gangsta rap ait fait son apparition à contretemps dans la mesure où, lors de son émergence, « il n'était plus le reflet de l'esprit du moment » (*ibid.*). Comme tout ce qui procède de l'inconscient, les manifestations du refoulé sont par définition inactuelles ; or, toutes cultures confondues, le symbolisme de la violence a toujours partie liée avec le refoulé, cette part obscure de notre psychisme. Le contenu de vérité esthétique des œuvres ne se réduit pas à l'exactitude sociologique des situations où ces dernières apparaissent. La culture afro-américaine repose indéniablement sur un fond de violence symbolique et de transgression ; comme la plupart des expressions fondées sur la performance, sa dynamique est d'ordre largement agonistique. Elle n'est pas la seule dans ce cas ; la culture épique est bâtie sur des fondations semblables.

C'est à partir du moment où la violence n'est plus symboliquement forclose et débouche sur une expression que sa maîtrise dans l'ordre du réel devient envisageable. Contrairement aux apparences qui l'accablent, le gangsta rap, à sa manière, a peut-être autant fait pour le mouvement Stop The Violence et pour la relative paix des gangs que les messages du rap conscient à vocation pédagogique. Le gangsta rap n'est sans doute ni moins lucide, ni moins responsable que le rap officiellement labellisé « conscient » – qui peut en certaines occasions se montrer fort ennuyeux – ; il rappelle avec véhémence, parfois avec humour, un trait dont, au nom d'intérêts souvent contradictoires, on a voulu édulcorer la conscience afro-américaine. Tout comme les romans d'Iceberg Slim, les raps d'Ice T., de 2 Live Crew, de 2 Pac Shakur, de Notorious Big ou de Snoop Doggy Dogg, et de nombre d'autres MC réputés appartenir à la mouvance gangsta, ne sont pas simplement des histoires de voyous (*thugs*), d'arnaqueurs (*hustlers*), de maquereaux (*pimps*) ou d'obsédés sexuels (*fuckers*), racontées dans une langue volontiers ordurière. Les productions sulfureuses de ces artistes placent souvent le rap à son meilleur niveau et attestent de la vivacité d'une culture tant langagière que musicale qui, sans leur concours, aurait sans doute été laminée ou condamnée, comme le blues, aux allusions, aux sous-entendus et à l'équivoque signifiante.

On a par exemple beaucoup glosé sur l'obscénité de l'album *As Nasty as we Wanna Be*, enregistré par le groupe 2 Live Crew en 1989, et pour lequel fut inaugurée la fameuse étiquette « *Parental Advisory...* » qui a depuis fait florès. On a, en revanche, beaucoup moins parlé de la qualité du flow des quatre MC, de la salutaire provocation de leur démarche décapante dans une société puritaine, pétrie de mauvaise conscience ; on n'a guère évoqué non plus l'habileté avec laquelle le groupe a su recycler à des fins musicales les menus événements sonores afférents à l'acte sexuel (râles, halètements, appréciations verbales, bruits de literie et de mobilier, etc.) dans le cadre d'une démarche poétique qui ne manque pas de pertinence : la sexualité n'est-elle pas précisément une affaire de rythme ? Qu'importe au fond si ce non-dit de la culture afro-américaine, ostensiblement remis sur le devant de la scène par nos quatre rappeurs, doit une part de son succès au fait que son obscénité explicite est à la mesure du refoulé d'une société occidentale refusant d'assumer ses propres démons ? Depuis les origines, l'expression noire a toujours constitué, selon la formule de LeRoi Jones, le « secret encanaillement » de la bonne société blanche en mal de transgression. Contrairement à la thèse accréditée par le tribunal qui prononça l'interdiction de l'album à la vente, la prestation de cette fine équipe est loin d'être dépourvue d'intérêt artistique. On peut certes parler de mauvais goût : « Mais – rappelle encore LeRoi Jones – c'est précisément le "mauvais goût" [...] qui a été le seul capable d'empêcher le meilleur de la musique noire de glisser stérilement dans les chambres d'écho de la culture de l'Américain moyen » (LeRoi Jones, 1969, p. 15).

Sans la face obscure du gangsta rap – ou de son pendant féminin, la *bitch attitude* tout aussi décriée – le rap conscient n'aurait au fond guère de sens, et il n'est pas certain qu'on lui prêterait l'oreille. Mais, si l'on ne peut sérieusement passer sous silence le gangsta rap, et l'exclure par décret de la culture hip-hop, il n'est pas en revanche légitime de réduire le rap à cet unique aspect, ni d'assimiler les acteurs de la culture hip-hop à la dimension des héros négatifs qui y prolifèrent : « Le vécu du stylo n'est pas toujours celui de l'écrivain » (Assassin, *Où va se diriger ton stylo*, album *Écrire contre l'oubli*, Assassin Prod.-Delabel, 1996). Le fait qu'Achille soit un personnage peu recommandable, buté, paradeur, égoïste, et sanguinaire ou que Diomède soit un exalté capable de tourner sa fureur meurtrière contre les dieux mêmes [1] n'empêche pas Homère d'être un artiste majeur. Que resterait-il d'une *Iliade* dépouillée de sa violence explicite ?

Le hip-hop est-il un nouveau tribalisme ?

En uniformisant les cadres formels de l'expression de la pensée, l'écriture alphabétique en a systématisé les procédures et universalisé les contenus ; elle a de ce fait marginalisé le tribalisme qui prévalait avant elle, un mouvement de rejet constant qui s'est accéléré pour s'étendre à l'échelle planétaire depuis l'invention de l'imprimerie. Désormais, « l'âge électronique, qui succède à l'âge typographique et mécanique des cinq cents dernières années nous met face à de nouvelles formes et à de nouvelles structures d'interdépendance humaine empruntant aux formes "orales" même quand les éléments de la situation sont non verbaux » (MacLuhan, 1963-1967, p. 7). En rendant sa voix à l'oralité, et en lui adjoignant de surcroît une mémoire aussi durable que celle à laquelle l'écriture permet d'accéder, mais de diffusion infiniment plus rapide, les moyens techniques de production et de reproduction de l'ère électronique ont ouvert la voie à un retour du tribalisme :

> L'implosion électrique apporte aujourd'hui à l'Occident alphabétique la culture orale tribale du monde de l'ouïe. Non seulement l'Occidental, visuel, fragmenté et spécialisé doit-il vivre quotidiennement en étroite association avec toutes les anciennes cultures orales de la terre, mais sa technologie électrique commence à revêtir l'homme visuel de la tunique sans couture que sont les liens de parenté et d'interdépendance du monde oral et tribal. (MacLuhan, 1964-1969, p. 69)

Or les rappeurs, nous l'avons vu, sont prompts à utiliser les ressources de la technologie la plus avancée et donc, si la thèse de MacLuhan est vérifiée, susceptibles plus que tout autre de se trouver engagés sur la voie du tribalisme. La parenté, signalée à maintes reprises dans ce travail, entre le rap et l'épopée homérique constitue en l'occurrence un indice significatif.

La culture hip-hop semble en effet développer une symbolique à forte connotation tribale. Ce tribalisme commence par une gestuelle codifiée que renforce une signalétique vestimentaire dépassant le strict cadre d'une mode, et se prolonge par le marquage du territoire au moyen de traces graphiques (tags, graffs, logos) exposées à la vue de tous dans l'espace public, mais déchiffrables, pour la plupart d'entre elles, par les seuls initiés. La proclamation que les rappeurs font de leurs mérites, en gage de leur renom (*kléos*), et dont ils ne se privent pas de faire publiquement état sitôt qu'ils parviennent à enregistrer un disque (voir question 14) redouble en un écho médiatique cette impression de culture tribale. Tout comme les exploits d'Ulysse rejaillissent sur sa descendance, sa maison, son peuple, etc., de même, dans la culture hip-hop, le renom d'un individu ou d'un groupe rejaillit sur ses pairs, ses proches, sa famille, son collectif (posse, *crew*, *team*, *squad...*), son clan, sa tribu, et par contamination géographique son quartier ou sa cité, sa ville (« je représente... Sarcelles, Vitry, Boulogne, Marseille », etc.), son département (le 9-3, le 9-5, etc.), et résonne éventuellement à l'échelle d'un pays, voire d'un continent. La longue liste de remerciements qui accompagne généralement chaque album de rap atteste de la dissémination tribale de ce renom dont l'artiste fait profiter son entourage. Le rappeur n'est pas un simple porte-parole, c'est la figure métonymique de tous ceux qu'il « représente » (voir question 14). En retour, les adhésions esthétiques à son œuvre paraissent autant liées aux appartenances « tribales » ou aux sentiments d'« identification tribale » des auditeurs qu'aux qualités intrinsèques de l'œuvre considérée. Les amateurs de rap se comportent plus comme des supporteurs que comme des contemplateurs, l'expérience esthétique d'où procède leur jubilation est corollaire du sentiment positif d'identité que chacun retire des prestations de son champion. Dans la culture écrite, l'acte poétique renvoie à une solitude radicale de l'écrivain (Rilke, Pessoa... les rappeurs quand ils rédigent) ; l'oralité actualise au contraire une dimension collective du fait poétique.

De même que la nouvelle oralité s'impose en intégrant aux rouages de son fonctionnement les acquis de la culture scripturale (voir questions 31, 34 et 48), l'originalité de ce nouveau tribalisme, c'est qu'il ne renonce pas aux valeurs universelles – même s'il souligne les paradoxes de leur mise en application. Ainsi, la Zulu Nation, inventée par Africa Bambaataa (voir question 42 et annexe), est tribale dans sa symbolique (vocabulaire d'initiés, gestes de connivence, objets de reconnaissance, code de couleurs, etc.) mais explicitement universelle et humaniste dans ses aspirations effectives à la paix, à l'équité, au savoir, à l'accomplissement de soi par les autres. Le tout étant officiellement consigné dans une charte *écrite*, à prétention universelle, et qui, dans son contenu, en vaut à tout prendre bien d'autres. Paradoxalement, la Constitution des États-Unis, premier grand texte exécutoire fondé sur des valeurs humanistes à vocation universelle, parle de liberté, de justice et d'accession au bonheur pour tous les hommes, mais s'accommode, dans les faits, de l'esclavage des Nègres et du génocide des Indiens. Apparemment tribale dans sa symbolique, la Zulu Nation n'exclut personne de son humanisme et n'entend tolérer ni les manquements aux droits de l'homme, ni les discriminations, d'où qu'elles viennent. Le reproche d'afrocentrisme tombe donc à plat : avoir l'esprit zoulou, c'est se montrer disposé à reconnaître chacun selon ses mérites sans distinction de race ; KRS ONE insiste sur ce point dans le morceau intitulé *Racist* (Boogie Down Productions, album *Edutainement*, Jive-BMG, 1990) :

> *You can't blame the whole white race*
> *For slavery, cos this ain't the case*
> *A large sum of white people died with black*
> *Tryin' hard to fight racial attacks*
> *The media wants you to think that no whites*
> *Really fought and died for Civil Rights*
> *But once we have a true sense of history.*

> On ne peut faire grief à tous les Blancs
> De l'esclavage car ce n'est pas le cas
> Nombre de Blancs sont morts aux côtés des Noirs
> S'efforçant de combattre le racisme
> Les médias voudraient ignorer
> Que des Blancs ont vraiment combattu
> Pour les droits civiques
> Mais de l'histoire cette fois nous connaissons le sens.

Dès que l'on sort du cadre de l'abstraction théorique, la mise en pratique effective des principes de simple équité à l'échelle universelle suscite atermoiements et réticences chez ses initiateurs mêmes – à commencer par Montesquieu en personne puisque, si l'auteur de *L'esprit des lois* condamne l'esclavage dans son principe, il en justifie la pratique « par la raison naturelle » : du fait de circonstances climatiques particulières, dont les effets émollients « énervent » le tempérament des individus qui les subissent, les peuples du Sud développent une tendance naturelle à l'oisiveté, un vice préjudiciable à leur liberté même, puisque – aucun humaniste ne l'ignore ! – « le travail libère ». En conséquence, dans le cas des peuples du Sud, la pratique de l'esclavage se révèle donc *pratiquement* légitime (sur les ambiguïtés de Montesquieu concernant la question de l'esclavage, voir *De l'esprit des lois*, livre XV, chapitre 7 et livre XXI, chapitre 3). Le hip-hop revendique sans délai une mise en pratique de cette universalité de principe à l'égard de chaque individu. En effet, dans la mesure où un principe est universellement vrai en théorie, son application doit être effective.

Peut-on parler d'une philosophie hip-hop ?

« *I'm a philosopher* » revendique explicitement KRS ONE, fondateur du groupe Boogie Down Productions (*My Philosophy*, album *By all Means Necessary*, Jive-BMG, 1988) qui – non sans une part d'humour – se décerne, pour faire bonne mesure, le titre de métaphysicien. Non contents donc de se dire poètes, les rappeurs postulent au rang de philosophes et de penseurs : « *I think very deeply* » (J'ai des pensées très profondes scande même en boucle KRS ONE. On sait pourtant, depuis la charge platonicienne d'*Ion*, que poésie et philosophie ne font pas bon ménage. Aveuglés par leur inspiration – cette dernière fût-elle divine – les poètes ne sont guère à même de guider qui que ce soit sur le chemin du vrai, une tâche dévolue aux seuls philosophes. Les rappeurs prétendent pourtant cumuler les deux fonctions. Si, sous l'influence normative du platonisme, la philosophie – assimilée de manière quasi exclusive à la dialectique – est devenue un art de produire une argumentation raisonnée, elle n'a pas toujours été cantonnée à cette seule dimension argumentaire. Richard Shusterman le rappelle à juste titre : pour les philosophes cyniques, épicuriens ou stoïciens, la philosophie s'est d'abord imposée comme un art de vivre [2] engageant l'ensemble de la personne du philosophe et non la seule pertinence de ses arguments raisonnés (voir Shusterman, 2001, p. 164). Or, c'est bien à titre d'engagement total de sa personne, de son être, que le rappeur vit sa culture. C'est donc dans la perspective retrouvée de « ces formes de philosophies déchues par la modernité occidentale » qu'il faut comprendre le hip-hop comme une authentique philosophie :

> Yo ! Le *hip-hop* est un mode de vie. C'est pas une mode ; c'est pas une tendance. Ça se reflète dans notre style, dans notre démarche et dans nos postures, dans nos habits et dans nos attitudes. Le *hip-hop* a une histoire, une origine et un ensemble de principes, y

compris des règles et des règlements que plein de gosses ne respectent plus de nos jours… Au fil des ans le *hip-hop* a évolué jusqu'à représenter ce qui se passe aujourd'hui, la réalité de la vie de la rue. Le rap est l'expression orale, l'outil, la littérature. Le *hip-hop* est le style de vie, la philosophie et même la religion, si je peux me permettre. Bien qu'aujourd'hui la musique et le style de vie, les médias leur font de la propagande et que le bizness les exploite aujourd'hui, pour certains d'entre nous, ils vont demeurer quand même comme l'essence brute de la vie. (Guru, *Hip-hop as a way of life*, album *JazzMatazz II*, cité dans Richard Shusterman, 2001, p. 166-167 ; traduction légèrement revue)

La profession de foi du rappeur n'est, en l'occurrence, guère éloignée des admonestations que les cyniques adressaient publiquement à leurs contemporains.

De Platon à Adorno, dialecticien n'a point d'oreilles. Déjà Platon, tout en faisant mine de condamner l'écriture, s'est efforcé de réduire la pratique de la philosophie à sa forme scripturale (la dialectique) et d'assigner celle-ci à l'ordre exclusif du regard : il s'agissait en fait pour lui, de couper court à toute forme d'oralité concurrente. L'ensemble de la philosophie lui a, sur ce point, emboîté le pas. Par la diversité de ses approches, l'implication requise de l'ensemble du corps et des sensations qui en émanent, l'oralité consacre l'individu et suscite en conséquence une multiplicité de points de vue – que Platon dénonce comme du domaine de l'opinion (*doxa*). D'une façon générale, l'oralité se prête mal au travail de la généralisation conceptuelle, une discipline intellectuelle préalable à l'exercice de la science, mais indispensable aussi à la normalisation politique de la vie en Cité telle que la conçoit Platon. Pour l'aristocrate athénien, en effet, la démocratie n'est tolérable que lorsqu'elle s'adresse à des individus suffisamment « formatés » sur le plan intellectuel pour consentir à la dépossession de tout un aspect de la réalité : le monde sensible. Or il y a dans l'oralité une volonté de ne renoncer à aucun aspect du monde concret, un refus d'abstraire – c'est-à-dire de sacrifier – la sensation. Pour le platonisme, il ne s'agit pas seulement de respecter certains principes communs, mais de ne tolérer qu'une seule et unique façon de les mettre en œuvre. Quitte à nous convaincre de le faire au prix d'une fable déconcertante, où s'affrontent l'ombre et la lumière et qui, à elle seule, vaut bien son pesant de *doxa*. Si, comme le prouve la charte de la Zulu Nation, les acteurs du mouvement hip-hop sont capables de se mettre d'accord sur la nécessité de souscrire à des principes communs fédérateurs, ils admettent également qu'il existe de multiples façons de les mettre en œuvre, et que l'individu peut emprunter de nombreux itinéraires pour atteindre l'excellence ; notamment en faisant la fête (voir question 21).

Ce retour d'une philosophie perdue en Occident s'appuie, en l'occurrence, sur les ressources de la technologie : pour conformer la pensée au mode d'exposition scriptural, il est indispensable d'abstraire – c'est-à-dire d'occulter tout un pan de la réalité. Dans l'impossibilité de tout prendre en compte et de le consigner par écrit, il est impératif de subsumer le réel sous des concepts généraux pour le rendre accessible à la pensée sous une forme épurée – débarrassée notamment du divers irréductible de la sensation. Pour la raison graphique en effet, le cheminement de la pensée doit plus ou moins se ramener à des arbres dichotomiques facilement visualisables, et, à cette fin, ne retenir que l'« essentiel ». Dans son *Livre du philosophe*, Nietzsche explique parfaitement le tour de passe-passe par lequel la philosophie réussit à escamoter la diversité du sensible pour se simplifier la tâche (voir en particulier la troisième partie intitulée « Introduction théorétique sur la vérité et le mensonge au sens extra-moral »). Or aujourd'hui, la multiplication et la superposition des traces mnésiques numérisées, la facilité grandissante à faire circuler ces dernières et à les mettre en relation, grâce aux nouvelles technologies de production et de reproduction numériques, permet d'épouser la réalité de manière infinitésimale, aussi loin que le permet la puissance sans cesse accrue des machines et de leurs processeurs. À l'époque de l'irruption de la philosophie dans la culture occidentale les enjeux étaient tels que la rivalité entre l'oralité et l'écriture ne pouvait se faire que sur le mode du rejet mutuel. Aujourd'hui, les moyens offerts par la technologie nous permettent de penser les différentes modalités de l'intellect humain non sur le registre de l'exclusion, mais sur le mode symbolique de la tension dynamique ; l'esthétique hip-hop est l'un des champs où ces tensions se manifestent et s'actualisent de manière féconde.

45 *Quel contenu ?*

Commençant avec l'affirmation d'une croyance en l'existence d'une nature divine dont le nom effectif importe peu – « En tant qu'Amazulu [autrement dit, "Le peuple des cieux"] nous ne combattrons ni ne tuerons quiconque pour imposer un nom de Dieu » (art. 1) –, la charte de la Nation zouloue universelle se conclut sur une perspective rationnelle qui pose la nécessité de comprendre le monde en termes d'économie, de mathématiques, de science, de faits et de foi en l'unicité d'un Dieu (art. 15) qui n'est pas sans similitudes avec l'Être suprême cher aux philosophes des Lumières. Au fil de ses quinze articles, la charte pose des principes et détermine une orientation philosophique de la culture hip-hop ; en aucun cas elle n'en fixe les modalités.

Plus régulatrice que dogmatique, la charte ne préjuge pas des méthodes à mettre en œuvre pour atteindre – dans le respect d'une stricte égalité entre les hommes – les objectifs de paix, de justice et d'harmonie qu'elle se fixe. Plus pragmatique que théorique, la charte de la Nation zouloue s'attache davantage aux faits et aux résultats obtenus qu'à l'élaboration des concepts et à la rigueur des démonstrations. Dans la partie didactique de son projet, la charte prétend surtout remettre en cause le filtre déformant de la suprématie blanche qui, appliqué insidieusement aux instruments de connaissances, gauchit l'histoire universelle et finit par contaminer la totalité du savoir dont elle défigure la vérité : « Nous croyons que l'idéologie suprématiste des Blancs a falsifié nombre de livres d'histoire utilisés dans les écoles, les collèges, et autres lieux d'enseignement sur l'ensemble de la planète. Que ces ouvrages sont remplis de mensonges et nourrissent la haine lorsqu'ils prétendent enseigner la place des autres races au sein de la famille humaine » (art. 4).

Non violente dans ses intentions comme dans ses moyens – or, si l'on en croit le titre du second album de KRS ONE, *By all Means Necessary*, les rappeurs comptent bien mettre en œuvre tous les moyens nécessaires à l'accomplissement de leurs buts –, la charte n'exclut pas, à titre de légitime défense, un éventuel recours à la force : « Nous croyons que le peuple amazulu est un peuple de paix, nous respectons qui nous respecte et sommes en paix avec ceux qui se comportent avec nous de façon pacifique, mais si nous sommes agressés et que l'on cherche à nous oppresser [...] nous nous battrons » (art. 13).

Il ne s'agit en aucun cas de substituer une suprématie à une autre, qu'elle soit raciale, sociale ou religieuse, mais de reconnaître à chacun sa part inaliénable d'humanité, et de se donner les moyens de la faire respecter. En outre, si la croyance en l'existence divine constitue un postulat de la Zulu Nation, jamais cette croyance n'est censée interférer avec le libre exercice de la raison et de la volonté humaines propres à chacun de nous : toute religion est dans son principe susceptible d'élever l'âme, pour autant qu'elle laisse à l'être humain sa part autonome de discernement et d'action ; puisque la raison est un attribut de la nature humaine, aucune croyance n'est fondée à en restreindre l'activité. Pas question donc, au nom d'une quelconque doctrine religieuse, de se laisser aveugler ou réduire en esclavage en renonçant à l'exercice de sa faculté de juger (art. 6). D'une façon générale, la religion ne saurait s'opposer ni à la matérialité des faits, ni à la rigueur des déductions fondées sur la logique et étayées par l'expérience ; cette autonomie de l'expérience et de la raison face au dogme n'est, au demeurant, pas sans similitude avec la position pascalienne dans sa *Préface au traité du vide*. Du reste, selon la charte zouloue, même si l'univers a été créé par Dieu, l'architecture du monde est essentiellement d'ordre mathématique : « Nous croyons que la vie, la création et toutes choses, sont fondées sur les mathématiques » ; pour Africa Bambaataa comme pour Leibniz, « Dieu a créé le monde en calculant ».

46   *Qu'en est-il de la Nation zouloue en France ?*

Par un concours de circonstances, dès les origines du mouvement, les pionniers du rap français, se sont trouvés en contact direct avec Africa Bambaataa. Ils ont pu, de ce fait, assimiler les principes d'attachement aux valeurs positives, d'élévation de l'individu par la culture et le savoir, de remise en cause de l'idéologie suprématiste, insidieusement distillée par les médias, les manuels scolaires et l'éducation, autant de thèmes chers à l'esprit zoulou. En séjour dans le Bronx, Solo, l'un des initiateurs du groupe Assassin, devient un familier de Bambaataa au point de se faire héberger par le fondateur de la Zulu Nation. En retour, Bambaataa accomplit de fréquents voyages en France, prend contact avec les acteurs français du hip-hop et structure le mouvement zoulou sur notre sol en intronisant des rois et reines zoulous. Il va jusqu'à considérer la France comme sa seconde patrie : « La France est ma seconde maison après les États-Unis, surtout Paris où les jeunes ont grandi avec le hip-hop et où la Zulu Nation, la Nation hip-hop française, que j'aime beaucoup, est devenue très importante » (cité dans Boucher, 1998). Le succès de l'esprit zoulou chez les rappeurs français de la première heure tient à ce que la mise en application des principes de la charte se révèle efficace autant pour lutter contre l'iniquité des pratiques ségrégationnistes propres aux États-Unis que pour s'élever contre les discriminations de type néo-colonial, plus insidieuses, toujours d'actualité dans « l'idéologie française ». Pour les Zoulous, la dévalorisation dont sont victimes les non-Occidentaux s'ancre dans une habitude de déformer des faits, caractéristique de l'approche de l'histoire selon les critères de l'Occident, et dont l'école s'est fait le véhicule privilégié en manipulant les consciences dès le plus jeune âge :

> Mais le sort de notre terre appartient à l'humanité entière,
> Donc il est temps de l'enseigner à travers le système scolaire.
> La révolution dans l'éducation, car le système scolaire ne tient pas compte de toutes les civilisations.
> Manipulant le peuple dès les plus jeunes générations.
> La compréhension de l'histoire du monde est prédominante pour le futur des différentes nations.
> Prêtez attention : nous parlons des desiderata du système éducatif,
> Véhiculant les lacunes, donnant naissance au racisme, à l'intolérance et à l'individualisme.
> Prenez du recul sur l'enseignement en Occident.
> Mais comment prendre du recul quand le conditionnement commence à cinq ans ?
> (Assassin, *À qui l'histoire ?*)

Relire l'histoire universelle à l'aune d'un nouveau paradigme est l'une des tâches majeures que, des deux côtés de l'Atlantique, s'est fixées la Nation zouloue.

Or, en se réclamant d'un nouveau paradigme culturel, l'esprit zoulou se veut critique, mais aussi constructif. L'école de la République, dispensatrice de préjugés et considérée comme placée au service exclusif de l'hégémonie occidentale, est certes remise en cause, mais cette attitude critique ne constitue en aucun cas un rejet global du savoir et de la culture, il s'agit au contraire de faire réintégrer la dimension culturelle aux individus en rupture, que l'école a rejetés faute de discerner leurs aptitudes. La rencontre du mouvement hip-hop français avec l'esprit zoulou procède donc d'une démarche identitaire qui dépasse le strict cadre de la musique. C'est en partie en s'imprégnant de l'esprit de la Nation zouloue que, selon la formule de Thomas Lemahieu, les mots du rap français ont réussi à construire « un espace mental, intermédiaire, à la fois profondément social et viscéralement culturel » (« Le cinéma vérité du rap français », dans *Périphériques*, http://www.peripheries.net/i-rap.htm).

Toutefois, malgré ces convergences, pour les rappeurs français de la seconde génération, le concept de Nation zouloue, malgré ses visées universalistes, semble trop ancré dans une réalité américaine avec laquelle ils veulent prendre leurs distances.

Paraissant à beaucoup trop rigide dans ses orientations et structurée de manière trop exclusive, la Nation zouloue est aujourd'hui nettement moins implantée dans le microcosme du hip-hop hexagonal qu'aux débuts du mouvement sur notre sol. D'autant que, sur le terrain des principes, la Nation zouloue se voit concurrencée par un islam plus proche du dogme coranique que l'islam afro-américain, jugé trop éclectique. Même si les idéaux d'égalité ethnique, d'émancipation par la maîtrise d'une culture, d'élévation de l'individu par la prise de conscience *et* par le *fun* restent en partie à l'ordre du jour dans le hip-hop français, l'implantation du mouvement zoulou ne cesse, semble-t-il, de s'affaiblir.

Une philosophie orale ?

Bien que la Charte universelle de la Nation zouloue (voir annexe) consiste en un texte rédigé, de nombreux éléments donnent à penser que cette dernière entretient des liens étroits avec l'oralité. D'abord, il s'agit non d'un écrit figé une fois pour toutes, mais d'un texte en devenir qui ne cesse de se préciser au fil de ses différentes moutures ; une consultation de la dernière mouture de la charte sur le site Internet de la Nation zouloue suffira à se convaincre des possibilités d'évolution depuis la version de 1993 livrée en annexe. En outre, l'énoncé de la charte ne suit pas un ordre argumentaire systématique dans lequel chaque nouvelle proposition s'imposerait comme la conséquence logique des précédentes, ainsi que l'exige un exposé théorique traditionnel. Non seulement le texte donne parfois l'impression de cumuler les redites en reprenant certains points (par exemple la croyance en la justice, articles 6, 12, 14, 15, ou en l'unicité divine, articles 1, 3, 15), mais il affirme des positions qui, faute d'une élucidation, pourraient paraître contradictoires : fondement divin et fondement mathématique de toutes choses ; affirmation du rôle de l'expérience et de la raison et croyance en l'efficience de puissances occultes, mais refus de la superstition, etc. Là où la culture scripturale s'efforce d'articuler les points de vue, la culture orale procède volontiers à des juxtapositions. Ce qui fonde ici la cohérence du propos, c'est moins la rigueur interne de l'exposé que la simple possibilité pratique de mettre sa vie en conformité avec les principes énoncés. À partir du moment où il est possible de vivre en accord avec cette philosophie, il devient secondaire de démontrer par une déduction abstraite la possibilité de ce qui s'y affirme. Devant la réalité impérative des faits, les *a priori* théoriques ne sont plus de mise.

Mais, une fois de plus, c'est la référence à l'amusement, à la gaieté (*fun*) qui se révèle décisive : non seulement le mode de vie positif auquel doit inciter la mise en conformité de sa conduite avec les principes de la Zulu Nation est, comme dans la philosophie épicurienne, gage explicite de plaisir, mais, autre point de similitude avec l'épicurisme, le plaisir que le sujet retire de la fête est aussi un moyen d'atteindre l'idéal visé. Il ne s'agit pas en l'occurrence d'une simple satisfaction intellectuelle tirée de la pure spéculation – une vue de l'esprit –, mais d'une immersion concrète par la fête dans la gaieté, qui, sans occulter la jouissance intellectuelle ni la conscience des problèmes, met à contribution la personne tout entière et laisse le corps s'exprimer en faisant collaborer toute la palette des sensations (synesthésie). Là où l'écriture alphabétique isole la vision qu'elle promeut comme seul et unique sens théorétique, l'oralité, par-delà les sollicitations acoustiques, compose avec l'ensemble de nos facultés sensitives qu'elle organise en une véritable synergie cognitive. Cette philosophie matérielle a besoin des gestes de la danse, du timbre de la voix et de toute la palette des sensations, autant que des lumières d'un pur intellect abstrait des sens, pour révéler pleinement sa portée et atteindre ses buts. Davantage encore que le jazz, le rap appartient à ces musiques « audiotactiles »[3] qui ont émergé avec le développement des moyens techniques de production et de reproduction ; c'est en cela que, dans ses implications, la philosophie hip-hop réactualise la dimension orale de l'acte de penser. Par oralité, il suffit en effet d'entendre une volonté de n'évincer le corps dans aucune des pratiques humaines, même celles qui impliquent les manifestations les plus élaborées de l'esprit.

Peut-on considérer le rap comme un médiateur entre l'oral et l'écrit ?

L'intransigeance de la scène au cours de laquelle Platon décrit le bannissement du poète mimétique – c'est-à-dire oral – hors les murs de la Cité, non sans avoir pris l'ironique précaution de lui rendre quelque dérisoire hommage, laisse entendre les échos d'une âpre rivalité entre oralité et écriture, que masque aujourd'hui le succès quasi absolu de la raison graphique :

> Nous lui rendrions hommage comme à un être sacré, merveilleux, ravissant ; mais nous lui dirions qu'il n'y a pas d'homme comme lui dans notre État et qu'il ne peut y en avoir, et nous l'enverrions

dans un autre État après avoir répandu des parfums sur sa tête et l'avoir couronné de bandelettes. (Platon, *République*, 398 a)

Avec l'écriture triomphait un ordre de valeurs qui, faute de rivales à la hauteur des performances de leur médium scriptural, pouvaient sereinement se proclamer « universelles ». Techniquement laminée par le pouvoir de l'écriture alphabétique et ses possibilités non seulement de mémoire mais aussi d'organisation de la pensée dans le discours, l'oralité fut désormais le lot inconsistant du peuple ignorant et des sauvages. Fort de cette universalité autodécernée, l'Occident « suprématiste » aura pu mettre à son actif d'incontestables réussites au profit de l'ensemble du genre humain, tout en continuant de perpétrer à son endroit d'immondes forfaitures, pudiquement baptisées « ruses de la raison ».

Ni « merveilleux », ni « ravissants », les rappeurs ont décidé de réintégrer en poètes et en philosophes les murs de la Cité. S'ils prônent à grand bruit les valeurs d'une oralité désormais pleine de ressources, ils n'ont pas pour autant renoncé aux acquis de l'écriture, montrant, non sans une certaine sagesse, que la cohabitation entre les deux était non seulement possible, mais souhaitable. À en décrypter correctement les attendus, la charte de la Nation zouloue ne dit pas autre chose (voir par exemple l'article 5), quitte à assumer les tensions entre ces deux polarités de l'expression humaine par la gaieté (*fun*) et à en faire l'un des ressorts majeurs de l'expression rappologique.

CONCLUSION

 Les rappeurs en font-ils trop ?

Électron libre de la culture, le hip-hop semble intervenir simultanément sur tous les fronts de l'expression humaine, ouvrant sur l'art des perspectives inédites. Dans le tumulte et l'emphase, les rappeurs exhibent avec une arrogance martiale leurs attitudes de lascars, et convoitent le site de l'art (voir question 5) qu'ils se proposent d'investir « par tous les moyens nécessaires ». À l'heure de l'art conceptuel, du *ready made* et de l'œuvre minimale ou virtuelle, voire inexistante, les rappeurs affichent une volonté de fabriquer des objets consistants, quitte à courir le risque de trop en faire.

L'époque contemporaine a fait payer au prix fort l'idéalité que l'esthétique impose à l'art depuis ses origines : en répudiant la matière, c'est la jubilation de l'acte fabricateur qui était en voie d'extinction : urinoir ou séchoir à bouteilles exposés tels quels, quelques minutes de silence proposées à titre de composition musicale, invitations lancées pour le vernissage d'une exposition censée se tenir en les murs d'une galerie… aux portes closes pour la durée de la manifestation, etc. Dans un univers saturé de théorie, où seule l'idée prévaut et où le sens prétend s'imposer en se passant de tout support, l'artiste ne semble plus tenu d'informer la matière pour faire œuvre ; il peut se contenter de laisser proliférer, à l'intérieur du site de l'art, sa panoplie hétéroclite d'« objets inframinces », selon la formule révélatrice de Marcel Duchamp.

En imposant de surcroît à l'expression humaine – notamment en musique – des conditionnements contraignants et des procédures techniques d'une extrême rigidité, au nom de l'universalité de l'art (Béthune, 1991), on a longtemps voulu faire croire que le geste créateur était réservé à une infime minorité d'élus capables de se plier à de strictes exigences, une sélection drastique frappant ceux qui n'avaient pas réussi à se libérer d'une infamie définitive qui les contraignait à renoncer à faire œuvre. À la suite des possibilités ouvertes – dès le début du XXe siècle – par une nouvelle ontologie de l'expression humaine, manifestée au sein de ce qu'Alexandre Pierrepont appelle le « champ jazzistique », les rappeurs, en s'appropriant les ressources de la technologie, se sont à leur tour donné les moyens de produire des œuvres qui dédramatisaient les procédés de leur fabrication en les débarrassant de leurs préalables théoriques et de leurs normes procédurales.

Mais, contrairement aux musiciens de jazz, les rappeurs ont tenu à intégrer à leur projet esthétique les acquis de la culture scripturale dont ils n'envisagent pas de se dispenser malgré les ressources offertes par les performances d'une mémoire électronique planétaire toujours plus puissante. Que l'on se rassure donc : si, avec la culture hip-hop, l'écriture est tenue d'abandonner une portion de son empire, les rappeurs n'iront pas reconduire de force l'homme de la raison graphique hors les murs de la Cité. Il faudra simplement que ce dernier apprenne à partager un pouvoir qu'il s'imaginait sans bornes et dont il n'est plus désormais le seul dépositaire. L'esthétique devra donc s'y habituer, contrairement aux réquisits du postulat adornien : toute œuvre de l'esprit ne procède pas nécessairement de la seule écriture (Adorno, 1989, p. 178-179) ; en art pas plus qu'ailleurs. Rien n'empêche en revanche qu'élaboration scripturale et mimésis orale se côtoient et se répondent en contrepoint au sein de l'œuvre. Il n'est du reste pas interdit de penser que – sans avoir nécessairement lu Derrida – les rappeurs, tout en contestant la prévalence logocentrique d'une certaine manière de concevoir l'écriture, aient peut-être la secrète conscience que la mort de l'écrit soit également celle de la parole.

Mais peut-on encore parler d'œuvre d'art ?

En rendant caduques les grandes dichotomies – notamment celle qui oppose la création à la simple imitation – à partir desquelles le concept d'art assumait sa fonction à la fois régulatrice et discriminatoire, le jazz a libéré l'expression humaine du contexte de culpabilité où elle se déployait jusqu'alors : « Les œuvres d'art, rappelle Adorno, font partie du contexte de culpabilité » (1989, p. 191), une position normative incompatible avec la pratique du jazz. C'est précisément dans cette brèche ouverte par le jazz que, à la suite de quelques autres, se sont engouffrés les rappeurs. C'est en effet dans la mesure où ces derniers abordent le processus d'élaboration de leurs œuvres sans esprit de culpabilité qu'ils ont pu prétendre prélever, sous forme d'échantillons, le matériau déjà élaboré de leurs propres constructions sonores tout en prétendant faire œuvre personnelle.

Mais, d'un autre point de vue, dans la mesure où ils refusent également d'entériner la distinction qui oppose les préceptes que l'éthique se charge de formuler et le pur élan esthétique matérialisé dans l'œuvre, les rappeurs ne renoncent pas pour autant à leur responsabilité de sujet social. Contrairement à la tradition occidentale qui conçoit l'art dans la perspective d'une « finalité sans fin » et voue les œuvres à la seule contemplation « désintéressée », les rappeurs ne se situent pas dans la perspective d'un devenir autonome qui impliquerait leurs productions dans le *seul* champ de l'esthétique et induirait chez l'auditeur une démarche de *pure* contemplation. Dans la démarche de la culture hip-hop, l'œuvre et son porte-parole assument une fonction cruciale de « représentation ». Instrumentée pour l'éducation, la réflexion et la prise de conscience, mais aussi pour la danse et la fête, l'œuvre hip-hop sert de multiples fins. Elle s'insère dans le quotidien et refuse de se distinguer radicalement de la « prose du monde » ; pourtant, elle ne renonce pas à susciter des attitudes contemplatives. À une stratégie de « transfiguration du banal » propre à l'art occidental, les rappeurs semblent opposer une volonté de banaliser la démarche créatrice. Dans la mesure où ce que l'on peut appeler – faute d'un meilleur terme – l'« élan vers le beau » constitue l'une des marques notoires de l'humanité, l'expérience esthétique créatrice devient, potentiellement, le lot de tout un chacun. D'une faculté de créer offerte de façon discriminatoire au petit nombre – par le truchement de l'inspiration –, on passe à la possibilité ouverte à tous d'accomplir des œuvres. Il n'est pas impossible qu'après ce coup de main contre le site de l'art on s'aperçoive que les gardiens du temple veillaient depuis toujours sur une chimère.

NOTES

Introduction

1. Le morceau est cité en exemple par Richard Shusterman, 1991, p. 207-208 ; j'en propose ici une autre traduction. La couleur jazz du morceau se trouve davantage marquée dans les trois remixes du morceau offerts en « bonus » sur la réédition de l'album en 2001.

I

1. « Les humanistes, les peintres et les sculpteurs n'ont eu de cesse, pendant la Renaissance, de faire accepter leur art au titre d'arts libéraux. Il faut attendre la fin du XVIIe siècle pour que peinture, sculpture et architecture c'est-à-dire les beaux-arts soient définitivement séparés des arts mécaniques » (Marc Jimenez, 1999).
2. Devant l'afflux, pour des raisons économiques, de membres de la communauté noire, nombre de propriétaires blancs ont préféré mettre le feu à leur logement pour toucher le montant de l'assurance, plutôt que d'avoir à le vendre à perte.

II

1. *Blue* est, depuis longtemps, la couleur du stupre ; on sait par exemple que le guide touristique qui, à La Nouvelle-Orléans, répertoriait les bordels de la ville et décrivait les spécialités des pensionnaires était de couleur bleue et s'intitulait *The Blue Book*.
2. Ulf Poschardt (2002, p. 195) rapporte comment Grand Master Flash se procura « un commutateur à double bascule » et parvint à l'adapter à ses platines pour pouvoir entendre les plages des disques quelques secondes avant qu'elles ne commencent, un artifice qui augmentait considérablement la précision de ses mixages *in situ*.
3. Mot-valise formé par la réunion d'*education* et *entertainement* (distraction, amusement), et que de nombreux rappeurs reprennent à leur compte.
4. Parmi ces points de confluence, on pourrait citer la pratique du libéralisme, la conception communautaire des rapports sociaux, des convergences institutionnelles dans de nombreux secteurs.

5. C'est par exemple le cas de nombreux Africains, surtout lorsque leurs parents n'appartiennent pas à la même ethnie, ou encore des Berbères qui, outre leur langue maternelle, ont souvent dû apprendre l'arabe à l'occasion de leur passage à l'école coranique.

III

1. Sur la nature agonistique des actes de langages, voir Jean-François Lyotard, 1979, p. 22-24.
2. Ce qui explique que, chez les rappeurs américains, fleurissent les surnoms forgés à partir des adjectifs *cool* (frais) – LL Cool G. –, *ice* (glacé) – Ice Tee, Ice Cube – voire *frost* (congelé) – Kid Frost.
3. Lorsqu'ils ont publié la première anthologie du blues, Oddum et Jonhson précisaient qu'ils en avaient éliminé les blues les plus violents et les plus obscènes comme non représentatifs de cette expression, remarquant paradoxalement au passage que c'était pourtant dans ce domaine qu'ils avaient collecté le plus grand nombre de documents ! Sur toute cette question, voir Christian Béthune, 2003, chapitre « Obscénité et misogynie ».

IV

1. L'original est un collector, mais il est réédité sur la compilation *Bambaataa Looking For The Perfect Beat 1980-1985*, Tony Boy-Sony, 2001.
2. Il s'agit d'une hypothèse d'école : récupérer des bouteilles pour fabriquer des lampes, « c'est un truc de bouffon ».
3. C'est bien ce privilège exorbitant accordé à la vision qui amène Adorno à soutenir que toute écoute pertinente d'une œuvre musicale devrait tendre vers une lecture silencieuse de sa partition, puisque, au demeurant, les partitions sont, selon l'auteur de la *Théorie esthétique*, « toujours plus intéressantes que les exécutions ». Comme si l'inconvénient majeur de la musique était d'avoir à se faire ouïr ! (Voir *Théorie esthétique*, p. 179.)

V

1. Selon les grammairiens, l'aphérèse est une troncation en début de mot, l'apocope coupe la fin du mot et la syncope tronque le mot en son milieu. Le terme « syncope » possède en outre une signification purement musicale : il s'agit du « déplacement de l'accentuation normale d'un temps fort sur un temps faible, la note est attaquée sur le temps faible et se prolonge généralement par une liaison sur le temps fort » (Arnold, 1988).

2. Cité par Jesper Svembro, p. 7. L'auteur précise : « En fait, aussitôt que l'on reconnaît le caractère instrumental qu'assume, par rapport au scripteur, la lecture à haute voix, on est frappé par l'analogie que présentent alors les catégories de la communication écrite avec celle d'une autre pratique sociale grecque, récemment analysée par Michel Foucault : je veux parler de la pédérastie. Entre l'éraste, actif et dominant, et l'éromène, passif et dominé, la relation présente effectivement une problématique semblable à celle qui lie le scripteur et le lecteur et qui tend à faire de la lecture la face dévalorisée de la communication écrite » (*ibid.*, p. 6).

VI

1. Manu Key intitule un de ses albums *Manuscrit*, Adil et Samir (Voix d'ébène) sous-titrent le leur *Noir sur Blanc* et revendiquent *Un stylo pour m'exprimer*. Busta Flex aurait aimé intituler *Préface* son premier album et *Chapitre 1* le second. Dans son album au titre très littéraire, libellé en latin *Sol Invictus*, Akhénaton intitule bizarrement l'un de ses morceaux *Mon texte... le savon*, tandis que le groupe Assassin s'interroge : *Où va l'encre de mon stylo ?* et se propose d'*Écrire contre l'oubli*, etc. Les Américains ne sont pas en reste : les Stetsasonic intitulent par exemple un de leurs morceaux *Pen and Paper*.

2. Il fallut toutefois attendre la Renaissance et la généralisation de l'imprimé pour que les lecteurs renoncent à la lecture à haute voix qui, jusqu'alors, était quasi systématique, la lecture silencieuse restant l'exception.

3. « Rapprochement de mots dont le son est à peu près semblable mais dont le sens est différent » (Dupriez, 1984). Par exemple : « alite l'élite » (MC Solaar) ; « Mes étoiles s'étiolent » (Ménélik).

4. Il y a écho sonore lorsque « deux ou plusieurs syntagmes, hémistiches, ou vers sont associés par le retour de quelques phonèmes identique » (Dupriez, 1984). Par exemple : « Gèle la lave / Ma magie lave mon âme » (Oxmo Puccino).

VIII

1. La seule « excuse » au comportement des héros homériques, c'est finalement d'appartenir à la classe dominante.

2. Et aussi un art de mourir : voir Anne Cauquelin, *La Mort des philosophes*, Paris, PUF, 1992.

3. J'emprunte le concept de musique « audiotactile » au musicologue italien Vincenzo Caporaletti, dont l'ouvrage *La definizione dello swing* analyse le phénomène rythmique du swing à l'aune des problématiques ouvertes par MacLuhan.

ANNEXE

Sur quelles croyances se fonde la Nation zouloue universelle ?

[Traduction d'après le texte publié dans le magazine *The Source*, n° 50, novembre 1993. Il est possible de trouver une version développée et argumentée de ce texte sur le site officiel de la Nation zouloue : http://www.zulunation.com/beliefs.html]

La Nation zouloue universelle revendique
Le Savoir, la Sagesse, la Compréhension, la Liberté, la Justice, l'Égalité, la Paix, l'Unité, l'Amour, le Respect, le Travail, la Gaieté, le Triomphe du Positif sur le Négatif, l'Économie, les Mathématiques, la Science, la Vie, la Vérité, les Faits, la Foi,
l'Unicité divine.

1. Nous croyons en un Dieu unique, qu'il est possible d'appeler de nombreux noms : Allah, Jehovah, Yaweh, Eloahim, Jah, Dieu, Le Très-Haut, Le Créateur, L'Être Suprême. En tant qu'Amazulus nous croyons ne jamais devoir nous battre ou tuer d'autres humains à propos du nom de Dieu. Nous reconnaissons tous ces noms comme valides pour un même Dieu. Nous croyons que Dieu se rendra visible au regard des hommes et qu'il résoudra les problèmes des hommes nés sur la planète que l'on appelle Terre.

2. Nous croyons en la Sainte Bible et dans le Coran glorieux et dans toutes les écritures des saints Prophètes de Dieu.

3. Nous croyons que la Bible a été masquée et qu'elle doit être réinterprétée afin que l'humanité ne se laisse pas abuser par les erreurs qui y ont été ajoutées.

4. Nous croyons que l'idéologie suprématiste des Blancs a falsifié nombre de livres d'histoire utilisés dans les écoles, les collèges, et autres lieux d'enseignement sur l'ensemble de la planète. Que ces ouvrages sont remplis de mensonges et nourrissent la haine lorsqu'ils prétendent enseigner la place des autres races au sein de la famille humaine. Nous croyons qu'il est impératif de détruire les livres d'histoire qui contiennent de tels mensonges et que l'on doit faire circuler des ouvrages fondés sur les faits exacts concernant l'apport effectif de chaque race à la civilisation humaine. Il faut enseigner la véritable histoire, non des erreurs. C'est à ce prix que les races et les nations pourront se respecter, s'apprécier et peut-être s'aimer, et que l'on prendra la mesure de ce que notre peuple a accompli pour l'ensemble de l'espèce humaine.

5. Nous croyons en la vérité, quelle qu'elle soit. Si une vérité ou une idée est étayée par des faits, alors en tant qu'Amazulus, nous témoignerons de cette vérité.

6. Nous croyons que pour quiconque adhère à une religion ou à une foi, cette religion et cette foi doivent vous élever en tant qu'être humain, que cette religion ne doit pas mêler mensonge et vérité, qu'elle ne doit pas faire de vous un esclave ou un zombie, et que la religion doit combattre pour la Liberté, la Justice et l'Égalité pour tous les humains ainsi que pour toutes les créatures vivantes que Dieu a octroyées à cette planète appelée Terre.

7. Nous croyons que le racisme et la haine s'évertuent à régenter la vie des êtres humains sur Terre, et que la croyance en l'Être Suprême et en la vérité détruiront la maladie qu'on appelle racisme et haine.

8. Nous croyons que les êtres humains ont gravement porté atteinte à la Terre notre Mère et qu'ils doivent lutter contre la pollution de l'air, de l'eau, de la terre, et de l'espace. Nous croyons également que les êtres humains ont causé préjudice aux animaux et à la vie marine et que les hommes doivent corriger leurs nuisances ou il seront détruit comme l'ont prédit les prophètes. Il appartient aux seuls humains de changer le futur avec le secours de Dieu.

9. Nous croyons à la résurrection mentale des morts. De nombreuses races humaines sont aveugles et sourdes à la connaissance de Soi et des autres, et nous sommes convaincus que ceux qui savent doivent servir de guides.

10. Nous croyons que la vie, la création et toutes choses sont fondées sur les mathématiques.

11. Nous croyons dans le visible et à ce qu'il est possible de savoir de l'invisible. Nous croyons dans le pouvoir de l'esprit, et pensons que la connaissance est infinie comme Dieu lui-même.

12. Nous croyons en la justice pour tous, avec ou sans Dieu. Nous croyons être redevables d'une égale justice comme tout un chacun.

13. Nous croyons que les Amazulus sont des gens paisibles ; nous respectons ceux qui nous respectent, nous sommes en paix avec ceux qui sont en paix à notre égard, mais, si un agresseur nous attaque ou nous opprime, alors nous croyons et soutenons qu'au nom d'Allah, Jah, Yaweh, Eloahim, Le Très-Haut, Dieu, nous devons combattre ceux qui nous agressent.

14. Nous croyons dans le Pouvoir, l'Éducation à la Vérité, la Liberté, la Justice, l'Égalité, le Travail pour tous et l'élévation de tous.

15. La Nation zouloue universelle revendique le Savoir, la Sagesse, la Compréhension, la Liberté, la Justice, l'Égalité, la Paix, l'Unité, l'Amour, le Respect, le Travail, la Gaieté, le Triomphe du Positif sur le Négatif, l'Économie, les Mathématiques, la Science, la Vie, la Vérité, les Faits, la Foi, l'Unicité de Dieu.

GLOSSAIRE

Battle : Confrontation au cours de laquelle les DJ* et les MC* mesurent leur habileté respective à manier leurs platines ou à enchaîner leurs rimes. Ces *battles* revêtent une fonction à la fois ludique et formatrice (voir le film *8 Mile*, où s'illustre Eminem) ; elles constituent la version hip-hop des duels symboliques qui ont toujours jalonné l'histoire de la culture afro-américaine (*dirty dozens, cutting contests, jam sessions*, etc.) et confèrent au rap sa dimension à la fois agonistique et festive (voir questions 10, 14, 23, 30).

B-boy : Abréviation de *breakdancer boy*, terme dont la paternité reviendrait à Kool Herc. (voir question 21). Le DJ pionnier du hip-hop l'aurait forgé pour qualifier ceux qui dansaient sur les breakbeats qu'il concoctait. Par extension, amateur de rap et de culture hip-hop. Dans sa construction, le terme joue sur la polysémie de la lettre b, qui peut renvoyer à *black, bad, boogie*, etc. Le terme *fly girl*, parfois employé comme féminin de *b-boy*, est aujourd'hui passé de mode.

Beat : Signifiant littéralement « battement », le terme *beat* désigne la cellule rythmique de base sur laquelle un morceau se construit. Sur cette cellule initiale – exprimée en bpm (battements par minute) – viendront se greffer de multiples autres constructions rythmiques (voir question 20).

Breakbeat : Ponctuation rythmique obtenue par échantillonnage, par les techniques du *scratching** et du *cutting**, voire par des procédés vocaux ou corporels. Le sens du mot *break* en anglais (cassure, fracture...) indique combien l'effet rythmique est fondé sur la rupture et non sur la continuité, une constante dans la musique afro-américaine

Cut, cutting : Opération qui consiste à repérer et à sélectionner une phrase instrumentale, un élément rythmique sur une portion d'un disque vinyle ou sur un CD et à le faire passer manuellement sous le diamant, ou à le jouer grâce à un procédé électronique, dans une perspective essentiellement rythmique. Une fois réenregistrés, ces fragments prélevés pourront servir d'échantillons*.

DJ : Au départ, le DJ (abréviation de *disc-jockey*) est l'animateur d'un programme musical à la radio, celui qui sélectionne les disques, détermine leur ordre de passage et leur enchaînement, proposant parfois un commentaire *sur* la musique. De simple passeur de disques jusqu'au milieu des années 1970, le DJ est devenu, grâce aux perfectionnement des techniques de reproduction et à l'extension des procédés de manipulation de la matière sonore, un créateur à part entière. Le tandem DJ-MC* constitue l'épine dorsale du rap (voir question 21).

Échantillon : Traduction de l'anglais *sample*. Fragment musical prélevé au départ manuellement puis, très vite, à l'aide d'un échantillonneur* et réintroduit dans un autre contexte musical soit de façon ponctuelle, soit de manière aléatoire, soit monté en boucle de façon répétitive (voir question 22).

Échantillonneur : Machine dédiée ou ordinateur muni d'un programme spécial permettant d'enregistrer n'importe quelle sources sonore sous un format numérique, puis de la reproduire dans n'importe quel contexte, au besoin en modifiant les paramètres notamment grâce au séquenceur*.

Flow : Vertu cardinale du rap, le *flow* désigne l'aisance avec laquelle le MC* scande ses rimes. Le flow réunit les qualités d'articulation, d'inflexion, d'intonation, d'accentuation et de débit propre à chaque rappeur (voir question 26).

Freestyle : Originellement, dans la culture hip-hop, *to freestyle* signifie scander *a capella*, avec éventuellement le seul soutien d'une *human beat box**. C'est également improviser son texte sur le vif ou scander un texte que l'on vient juste d'écrire. Le *freestyle* est le mode sur lequel les rappeurs se confrontent dans les *battles**.

Funk : Dans l'argot noir américain, *funk* désigne les odeurs corporelles (sueur, sperme…), et par extension tout ce qui est authentique. Si l'adjectif *funky* a désigné une façon de jouer pour les jazzmen postparkériens (par exemple Art Blakey et ses *Jazz Messengers*), le funk est l'ultime avatar du rhythm n'blues dans les années 1970 et l'ascendant immédiat du rap.

Groove : À l'origine, l'expression *in the groove*, « dans la rainure », faisait allusion « aux délices promis à l'homme rejoignant une femme » (Levet, 2003). Puis l'expression a désigné le parcours de l'aiguille du phono suivant le sillon du disque. Par extension, *groove* renvoie à tout ce qui « colle bien ». Dans la terminologie hip-hop, le terme conserve cette valeur positive générale, mais fait plus spécialement référence à la qualité du rythme sous-jacent d'un morceau notamment l'association basse-batterie. Par extension, le mot peut désigner la musique elle-même.

Hardcore : Le noyau dur du rap, celui qui s'oppose aux démarches commerciales, se veut sans concession, et qui, pour marquer son intransigeance, n'hésite pas à recourir aux images les plus évocatrices, aux paroles les plus crues, axées sur la violence et le sexe dans la manifestation de sa poétique. Mais, par une sorte de chiasme médiatique, ce prétendu rigorisme esthétique peut également se retourner en stratégie commerciale complaisante ; il devient dès lors très difficile de déterminer ce qui est *hardcore* et ce qui ne l'est pas à partir de critères objectifs.

Hexamètre dactylique : Vers comprenant six accentuations, réparti en deux groupes rythmiques de trois accents : un long et deux brefs. L'hexamètre dactylique est le vers de base de l'*Iliade* et de l'*Odyssée* (voir question 35).

Human beat box : Imitation vocale et éventuellement corporelle d'instruments à percussion (tambours, cymbales, caisse claire, maracas, etc.). La *human beat box* s'inscrit dans la tradition afro-américaine qui utilise volontiers le corps comme instrument de musique, et cela d'autant plus volontiers qu'à l'époque de l'esclavage, les tambours étant proscrits chez les esclaves, le corps devint le substitut naturel du tambour.

Mix : Pratique du DJ* en action quand il accole, superpose et mélange les morceaux, en direct et sans solution de continuité pour les auditeurs, tout en s'efforçant de donner à ses enchaînements une touche personnelle (par ses choix, par la qualité de ses *cuts** ou la virtuosité de ses *scratches*...).

MC : Abréviation de maître de cérémonie, synonyme de rappeur, responsable de la scansion du texte et généralement de sa rédaction. La qualité du MC tient à la souplesse et à la précision de son flow* ainsi qu'à son aptitude à improviser.

Mix tape : Les DJ* ont pris l'habitude d'enregistrer sur cassettes certaines séquences de leur travail (en direct ou en studio) particulièrement élaborées ou particulièrement réussies afin de pouvoir en disposer lors de leurs prestations ultérieures. Progressivement, ces *mix tapes* se sont enrichies et ont vu leur durée s'allonger jusqu'à constituer des objets à part entière. Commercialisées soit à l'usage d'autres DJ, soit pour la délectation du public qui retrouve des morceaux connus dans un environnement sonore nouveau, les *mix tapes* sont devenues des éléments de la culture hip-hop aux même titre que les singles, les albums ou les clips vidéo.

Raggamuffin : Version hip-hop du reggae, le raggamuffin utilise les divers procédés de manipulation sonore du rap, tout en conservant du reggae son accentuation appuyée de façon systématique sur le contretemps. Une particularité rythmique qui influe directement sur la scansion des paroles.

Sample : Voir échantillon.

Sampler : Voir échantillonneur.

Scratching : Technique qui consiste à faire aller et venir manuellement un disque vinyle sous un diamant de façon à produire un effet percussif. Bien que le passage ne soit pas reconnaissable une fois soumis à ce traitement, sa nature est déterminante pour le résultat. Ainsi, un extrait où l'on entend des cuivres sonnera très différemment d'un passage de violons, d'une ligne de basse ou d'une voix humaine. Les progrès de la technologie permettent désormais de produire des effets de *scratching* par simulation numérique.

Séquenceur : Appareil dédié ou simple logiciel permettant de retravailler n'importe quel signal sonore numérique et de faire varier ses paramètres (rythme, timbre, hauteur, accentuation...) et d'y ajouter des effets (réverbération, passage à l'envers, fond sonore...).

Sound system : Originaire de la Jamaïque avant d'être récupéré par la culture hip-hop des premières heures, ce « système de son » est un équipement bricolé de manière artisanale constitué de deux platines, d'un amplificateur, d'un système de mixage, de deux haut-parleurs et éventuellement d'un micro. Dans la mesure où le rap s'insère dans une culture du bruit, la qualité d'un *sound system* s'évalue d'abord à la quantité de décibels que ce dernier est capable de délivrer (voir questions 11 et 21).

Toast : 1° Récit satirique de la tradition littéraire orale afro-américaine qui met généralement en scène deux personnages en conflit : « Signifyin' Monkey et le lion », « Stack O'Lee et Benny le Dur », « Shine et le capitaine du *Titanic* », etc. Les toasts peuvent être considérés comme les ancêtres du rap dans la mesure où ces fables rimées mettent en scène la puissance de la parole, attachent une importance prépondérante à l'art de dire (*flow**), et font la part belle à l'argot et aux images évocatrices, au sexe et à la violence.

2° Scansion d'origine jamaïcaine influencée par le reggae et donc accentuée sur le contretemps, c'est-à-dire les temps pairs de la mesure.

Underground : Le rap diffusé par les médias officiels (disques édités, stations radios, etc.) n'est que la partie émergée d'une culture qui s'élabore toujours en marge des réseaux publics. En dépit de son succès médiatique, le rap n'a pas abandonné sa veine souterraine et continue pour une bonne part à s'élaborer loin des feux de l'actualité. Les progrès de la technologie permettent de produire facilement cassettes et CD que l'on fait circuler hors de la sphère de distribution marchande. Ce réseau souterrain, où le meilleur côtoie le pire, permet aux débutants de faire leurs classes en se familiarisant avec les techniques de bases puis en peaufinant leur style et aux renommées de se forger. Très active, cette part de création souterraine permet au hip-hop de résister à l'emprise de l'industrie culturelle.

BIBLIOGRAPHIE

ADORNO, Theodor, *Théorie esthétique*, trad. nouvelle Marc Jimenez, Paris, Klincksieck, 1989.

ARISTOTE, *Poétique*, trad. J. Hardy, Paris, Les Belles Lettres, 1932, 4e tirage de la 2e éd. revue et corrigée, 2002.

ARNOLD, Denis (dir.), *Dictionnaire encyclopédique de la musique*, trad. M.-S. Paris, adaptation A. Paris, Paris, Robert Laffont, coll. « Bouquins », 1988.

BAZIN, Hugues, *La Culture hip-hop*, Paris, Desclée de Brouwer, 1995.

BENJAMIN, Walter, *L'Œuvre d'art à l'époque de sa reproductibilité technique*, dernière version, 1939, trad. M. de Gandillac revue par R. Rochlitz, Paris, Gallimard, 2000.

BÉTHUNE, Christian, « Sens et fonction de la technique », dans Christian BÉTHUNE et Francis HOFSTEIN (dir.), *Revue d'esthétique*, n° 19, Paris, Jean-Michel Place, 1991.

—, « Technologie et savoir-faire humain », *Art Press*, numéro spécial *Territoire du hip-hop*, décembre 2000.

—, *Adorno et le jazz*, Paris, Klincksieck, 2003.

—, *Le Rap, une esthétique hors la loi*, 2e éd. revue et augmentée, Paris, Autrement, 2003.

BOCQUET, José-Louis, & PIERRE-ADOLPHE, Philippe, *Rap ta France*, Paris, Flammarion, 1997.

BOUCHER, Manuel, *Le Rap, expression des lascars*, Paris, L'Harmattan, 1998.

BROUGHTON, Frank, & BREWSTER, Bill, *Les Bases du Djing*, adapté de l'anglais par F. Ernould avec la collaboration de DJ Hitcth, Paris, Eyrolles, 2003.

CACHIN, Olivier, *L'Offensive rap*, Paris, Gallimard, 1996.

CALIO, Jean, *Le Rap, une réponse des banlieues*, Lyon, Aléas, 1998.

CAPORALETTI, Vincenzo, *La definizione dello swing. I fondamenti estetici del jazz e delle musiche auditattili*, Teramo, Ideasuoni, 2000.

CAUQUELIN, Anne, *La Mort des philosophes*, Paris, PUF, 1992.

—, *Petit Traité d'art contemporain*, Paris, Éd. du Seuil, 1996.

CAVELL, Stanley, « Music Discomposed », dans *Must We Mean What We Say*, Cambridge University Press, 1969.

CERQUIGLINI, Jacqueline, « L'éclat de la langue, éléments d'une esthétique des grands rhétoriqueurs », *Les Grand Rhétoriqueurs, Cahiers V.-L. Saulnier*, n° 14, Presses de l'École normale supérieure, 1995.

DELEUZE, Gilles, *Nietzsche et la philosophie*, Paris, PUF, 1962.

DERRIDA, Jacques, *De la grammatologie*, Paris, Éd. de Minuit, 1967.

DEVEAU, Jean, « Rhétorique et pacifisme chez Jean Molinet », *Les Grand Rhétoriqueurs, Cahiers V.-L. Saulnier*, n° 14, Paris, Presses de l'École normale supérieure, 1995.

DUMMETT, Michael, *Les Origines de la philosophie analytique*, trad. A.-M. Lescournet, Paris, Gallimard, 1988.

DUPRIEZ, Bernard, *Gradus, les procédés littéraires*, Paris, UGE, coll. « 10-18 », 1984.

FORESTIN, Ambroise, *Le Vers de l'*Iliade*, sa musique, toute sa musique*, Reims, 1990 (ISBN 2-9501583-2-3, chez l'auteur, 56, rue Lieberger, 51 100 Reims).

GARNIER, Antoine, *Comprendre le rap*, Paris, BOP, 1998.

—, *Souffle, au cœur de la génération hip-hop entre New York et Paris*, New York (t. 1) - Paris (t. 2), 1986-2003 ; Paris, Alias etc…, 2003.

GEORGE, Nelson, *Buppies, B-Boys, Baps & Bohos : Notes on Post-Soul Black Culture*, New York, Harper & Collins, 1re éd., 1993.

GOEURY, Julien, « Survivance de la grande rhétorique dans les *Théorèmes* de Jean de La Ceppède », *Les Grands Rhétoriqueurs, Cahiers V.-L. Saulnier*, n° 14, Paris, Presses de l'École normale supérieure, 1995.

GOODMAN, Nelson, *Langages de l'art* (1968), trad. J. Morizot, Nîmes, Jacqueline Chambon, 1990.

—, *Manières de faire des mondes* (1978), trad. M.-D. Popelard, Nîmes, Jacqueline Chambon, 1992.

GOODY, Jack, *La Raison graphique. La domestication de la pensée sauvage*, trad. et présentation B. et A. Benza, Paris, Éd. de Minuit, 1979.

HAVELOCK, Nelson & GONZALES, Michael A., *Bring the Noise, A Guide to Rap Music and Hip-hop Culture*, New York, Harmony Books, 1991.

HODEIR, André, *Hommes et Problèmes du jazz*, 1954, rééd. Marseille, Parenthèses, 1981.

JAEGER, Werner, *Païdeia, la formation de l'homme grec*, 1935, trad. A. et S. Devyver, Gallimard, coll. « Tel », 1964.

JIMENEZ, Marc, *L'Esthétique contemporaine*, Paris, Klincksieck, 1999.

JACONO, Jean-Marie, « Les dimensions musicales des chansons d'IAM, éléments d'un rap méditerranéen », dans M. GASQUET-CYRUS, G. KOSMICKEI et C. VANDEN AVENNE, *Paroles et musiques à Marseille, les voix d'une ville*, Paris, L'Harmattan, 1999.

KANT, Emmanuel, *Critique de la faculté de juger*, trad. A. Philonenko, Paris, Vrin, 1968.

KOKOREFF, Michel, *La Force des quartiers*, Paris, Payot & Rivages, 2003.

LAPASSADE, Georges, & ROUSSELOT, Philippe, *Le Rap ou la Fureur de dire*, Paris, Loris Talmart, 1990.

LÉON, Pierre, *Précis de phono stylistique ; parole et expressivité*, Paris, Nathan, coll. « Université », série « Linguistique », 1993.

LEPOUTRE, David, *Cœur de banlieue, codes rites et langages*, Paris, Odile Jacob, 1997.

LEROI JONES, *alias* AMIRI BARAKA, *Musique noire*, trad. J. Morini et Y. Hucher, Paris, Buchet-Chastel, 1969.

—, *Le Peuple du blues*, trad. J. Bernard, Paris, Gallimard, 1968.

LEVET, Jean-Paul, *Talking that Talk*, Lille, Kargo, 2003.

LYOTARD, Jean-François, *La Condition postmoderne*, Paris, Éd. de Minuit, 1979.

MACLUHAN, Marshall, *La Galaxie Gutenberg* (1963), trad. J. Paré, Paris, Mame-Seuil, 1967.

—, *Pour comprendre les média* (1964), trad. J. Paré, Paris, Mame-Seuil, 1969.

MIRANDA, Luis de, *Ego trip, la société des artistes sans œuvre*, Paris, Max Milo, 2003.

NATTIEZ, Jean-Jacques (dir.), *Musiques I : Musiques du XXᵉ siècle*, Marseille, Actes Sud, 2003.

NICOLAS, François, « Huit thèses sur l'écriture musicale », *Analyse musicale*, n° 23, 1991.

PARENT, Emmanuel, « Du déclin de l'aura dans la musique au XXᵉ siècle. Essai de résolution musicale d'une querelle philosophique », mémoire de DEA, non publié, Rennes-II, 15 oct. 2003.

PARRY, Milman, *L'Épithète traditionnelle dans Homère*, Paris, Les Belles Lettres, 1928.

PERRIER, Jean-Claude, *Le Rap français, Anthologie*, Paris, La Table ronde, 2000.

PIERREPONT, Alexandre, *Le Champ jazzistique*, Marseille, Parenthèses, 2002.

PLATON, *Ion*, trad. É.Chambry, Paris, Garnier-Flammarion, 1931.

—, *La République*, trad. É. Chambry, Paris, Les Belles Lettres, 1934, 10ᵉ tirage, 2003.

POSTCHARDT Ulf, *DJ Culture*, 2ᵉ éd., trad. J.-P. Henquel et E. Smouts, Lille, Kargo, 2002.

PINEAU, Joseph, *Le Mouvement rythmique en français*, Paris, Klincksieck, 1979.

REVAULT D'ALLONNES, Olivier, « Beethoven et le jazz », *Revue d'esthétique*, n° 19, Paris, Jean-Michel Place, 1991.

RIMONDI, Giorgio, « Il corpo nella voce. Per un'interpretazione psicoanalitica del jazz », dans Carlo DE INCONTRERA (dir.), *Contaminazioni. La musica e le sue metamorfosi*, Trieste, Stella Arti Grafiche, 1997, p. 213-241.

ROUSSEAU, Jean-Jacques, *Essai sur l'origine des langues*, dans *Essais sur la musique*, Paris, Stock, 1979.

RUBIN, Christophe, « Provocation bouffonne, dérision amère, et délire oratoire dans le rap francophone », dans *Actes du colloque 2000 ans de rue, permanence et modernité*, Besançon, 20 juin-1ᵉʳ juillet 2000, Annales littéraires de l'université de Franche-Comté.

—, « Le rap adolescent : du démantèlement d'un rythme et d'un discours à l'hyper-extension d'une représentation vocale du sujet », *Adolescences*, t. 17 n° 1, printemps 1999, p. 203-217.

—, « Le rap : de la mise en scène des stéréotypes à la jouissance du sujet », dans *Le Stéréotype. Usages, formes et stratégies, actes du 21ᵉ colloque d'Albi langages et signification, juillet 2000*, CALS-CPST, 2000.

—, « Le rap : de l'échantillonnage à la réplique », dans *L'Intertextualité, actes du 24ᵉ colloque d'Albi langages et significations*, à paraître.

—, « Le rap et la transe : polyrythmie et altération du sujet », GRELIS-LASELDI, Université de Franche-Comté, à paraître 2004.

—, « Le texte de rap : une écriture de la voix », *Actes du 22ᵉ colloque d'Albi, 2001*, CALS-CPST, 2002.

SCHAEFFER, Jean-Marie, *Adieu à l'esthétique*, Paris, PUF, 2000.

SCHAEFFER Pierre, *Traité des objets musicaux*, Paris, Éd. du Seuil, 1966.

SHUSTERMAN, Richard, *L'Art à l'état vif*, trad. C. Noille, Paris, Éd. de Minuit, 1992.

—, *Vivre la philosophie*, trad. C. Fournier avec la collaboration de J.-P. Cometti, Paris, Klincksieck, 2001.

SOUCHARD, Maryse, « Rap et protestation sociale », dans *Musiques I : Musiques du XXᵉ siècle*, Marseille, Actes Sud, 2003.

SVEMBRO, Jasper, *Phrasikleia, anthropologie de la lecture en ancienne Grèce*, Paris, La Découverte, 1988.

TOOP, David, *The Rap Attack*, 3ᵉ éd. augmentée, Londres, Serpent's Tale, 2000.

ZUMTHOR, Paul, *Anthologie des Grands Rhétoriqueurs*, Paris, UGE, coll. « 10-18 », 1978.

—, *Introduction à la poésie orale*, Paris, Éd. du Seuil, 1983.

Achevé d'imprimer en France
le 10 avril 2004
sur les presses de

52200 Langres - Saints-Geosmes
Dépôt légal : avril 2004 - N° d'imprimeur : 5447